成都市人才引进政策研究

CHENGDU SHI RENCAI YINJIN

ZHENGCE YANJIU

韩松言　郑　婷　李　佳　王子伟　著

中国农业出版社

北　京

图书在版编目（CIP）数据

成都市人才引进政策研究 / 韩松言等著. -- 北京：中国农业出版社，2024. 11. -- ISBN 978-7-109-32703 -0

Ⅰ. C964.2

中国国家版本馆 CIP 数据核字第 2024RA7282 号

成都市人才引进政策研究

CHENGDU SHI RENCAI YINJIN ZHENGCE YANJIU

中国农业出版社出版

地址：北京市朝阳区麦子店街 18 号楼

邮编：100125

责任编辑：姚　佳　于　博

版式设计：王　晨　　责任校对：吴丽婷

印刷：北京中兴印刷有限公司

版次：2024 年 11 月第 1 版

印次：2024 年 11 月北京第 1 次印刷

发行：新华书店北京发行所

开本：720mm×960mm　1/16

印张：9

字数：125 千字

定价：78.00 元

前　　言

伴随我国经济社会发展从"数量时代"到"质量时代"的转变，以人力资本、技术创新等要素驱动的发展方式取代传统生产要素的粗放型发展方式的需求也日趋强烈。在这一过程中，人才作为"第一战略资源"，在推动区域乃至国家经济社会发展过程中发挥着不可替代的重要作用。而人才引进政策的制定和实施也成了国家和各地区吸引人才、形成人才集聚效应最为直接有效的方法。成都市作为四川省省会以及我国西部地区的枢纽城市，近年来对于各类人才的需求日益强烈。与此同时，一系列人才引进政策的相继出台也为其人才引进工作的开展营造了良好的政策环境。对21世纪以来成都市人才引进政策进行量化及其演进的研究不仅有助于该地进一步完善人才引进政策体系，持续提升成都市对人才的吸引力，也能够为我国其他城市人才引进政策的制定和实施提供参考和借鉴，具有较强的现实意义。

本书以21世纪以来成都市及其各区县颁布的人才引进政策文本作为研究对象，运用定量研究和定性研究相结合的方法对其演进脉络进行勾勒，并对其背后的深层次逻辑进行探究。具体而言，本书运用时间序列分析法、内容分析法以及扎根理论等研究方法，基于人力资本理论、政策工具理论以及政策扩散理论构建了政策文本分析的三维框架，从时间、空间以及政策要素三个方面对其进行单维度和交叉维度的立体分析，并提出了相应的政策建议。

研究结果表明：第一，21世纪以来成都市人才引进政策的发文数量在时间维度上整体呈现出波动起伏、曲折上升的特点，是一种非均衡、断点式的增长趋势。第二，21世纪以来成都市人才引进政策的演进脉络可以划分为三大阶段：2000—2010年为规范探索时期、2011—2016年为深化推进时期、2017—2023年为精准发展时期。第三，21世纪以来成都市人才引进政策在空间维度上经历了从"波纹状"不均衡分布到"雨点状"均衡分布的演进。第四，成都市人才引进政策发文主体协作关系的演进在2000—2010年规范探索时期的广度和强度均处于较低水平，整体呈现出简单松散的协作特征；在2011—2016年深化推进时期，发文主体协作的广度和强度均得到提升，整体呈现出均衡多元的特征；在2017—2023年精准发展时期，各部门在政策发文中的独立性增强，整体呈现出高协作广度、低协作强度的特征。第五，成都市人才引进政策在政策工具应用层面的演进特征为2017年之前以环境型政策工具为主，随着政策规范的逐步确立，环境型政策工具的比重逐渐减少，供给型政策工具及需求型政策工具的比重有所提升，前者提升的比例更高，整体呈现出供给型政策工具、环境型政策工具的应用较为广泛，而需求型政策工具应用较少的特征。第六，21世纪以来成都市人才引进政策焦点的演进特征在时间维度上体现得并不明显，但整体呈现出"规范确立—需求导向—协同发展"的演进脉络。

目　　录

第 1 章 绪 论

1.1 研究背景与研究意义

1.1.1 研究背景

进入新时代以来，我国的经济社会发展经历了从"数量时代"到"质量时代"的转变。曾极度依赖土地、低成本劳动力等传统生产要素的粗放型经济增长模式已经难以适应新时代全面建设社会主义现代化国家和实现国民经济持续健康发展的现实需求，必须向以人力资本、技术创新等生产要素驱动的发展方式转变。功以才成，业由才广。在这一过程中，人才作为科技强国的第一战略资源发挥着重要的作用。

我国始终重视人才的培养与发展，尤其是进入 21 世纪以来，面对世界前所未有之大变局以及激烈的国际竞争，我国将人才战略提升至前所未有的高度。在 2003 年全国人才工作会议上，"人才强国战略"被首次提出，全社会尊重人才、重视人才的风气开始形成；2007 年，党的十七大将人才强国、科教兴国和可持续发展三大战略写进党章，标志着我国正式将人才工作上升至国家发展的战略高度；党的十八大以后，我国进一步强调人才强国的重要性，更加凸显人才在我国发展建设中的中流砥柱作用；党的十九大后，也提出了"聚天下英才而用之"的理念，限制人才流动的体制性障碍逐渐被清除，我国人才自由流动的格局逐渐形成；在党的二十大报告中，习近平总书记再次强调，"培养造就大批德才兼备的高素质人才，是国家和民族长远发展大计。"

与此同时，人才作为地区发展的重要动力之一，各地区之间对于人才的争夺已经进入了白热化的状态，"人才争夺战"已经悄然打响。为此，我国各省份都在制定并完善相应的政策，通过提升政策优惠力度、优化政策环境以提升当地对人才的"拉力"，从而在区域竞争中能够掌握主动权，并借助人才助推当地发展模式的转型。

成都市作为四川省省会及我国西部地区的枢纽城市，在城市发展的过程中对于人才的需求也逐渐提升。2017年，成都市颁布《成都实施人才优先发展战略行动计划》，在新政颁布的4个月内，全市共登记落户人才9.5万余人，30岁及以下青年人才为落户主体，占总数的79.7%①，足以看出成都市对于年轻人才的吸引力。本书以成都市及其各区县自2000年至2023年所颁布的人才引进政策文本作为研究对象，运用定量研究与定性研究相结合的研究方法，基于时间、空间以及政策要素构建三维分析框架，立体探究成都市人才引进政策演进的整体特征及逻辑。

1.1.2 研究意义

本研究的理论意义在于：首先，在研究地点上，成都市作为四川省的省会以及我国西部地区的枢纽城市，在人才的吸纳和集聚方面具有天然优势，其对于人才的需求也与近年来城市发展的迅猛势头实现良性"共振"。然而，相较于我国东部沿海地区而言，在人才的总量和开发利用上，西部内陆地区仍处于人才汇聚的"洼地"，政策吸引力有待进一步提升。通过对成都市人才引进政策的研究可以为其他西部城市提供相应的经验，从而推动我国东西部地区人才分布格局的均衡发展。其次，本书将人力资本理论、政策扩散理论以及政策工具理论应用到政策文本分析的研究领域，在一定程度上也丰富了相关的理论研究，推动该领域研究的逐渐完善和全面延伸。最后，本书所构建的三维政策分析框架也具有一定的普适性和可推

---

① 数据来源：成都市人力资源和社会保障局。

广性，对公共政策文本进行单维度和交叉维度的分析可以较为全面地审视整个政策在时间轴上变迁的过程，可将其迁移到对其他政策文本的研究当中，从而为研究者提供一种全新的研究视角和分析工具。

本研究的现实意义主要包括两方面的内容：一方面，人才流动的单向性和不均衡性以及人才资源循环体系的不畅通是我国区域之间发展差距逐渐扩大的重要原因之一。通过对成都市人才引进政策演进的研究，由此及彼，进而尝试打通相邻区域之间、东西部之间、沿海城市和内陆城市之间人才交流的阻碍，建立通畅的人才循环系统，从而有效解决人才流动"孔雀东南飞"的困境，促进我国区域之间的均衡发展和良性竞争。另一方面，研究成都市人才引进政策的变迁特点及逻辑可以从整体上了解成都市人才引进政策体系的建构规律以及政策制定和执行中需要提升的方面，有针对性地对于后续相关政策进行完善，从而有助于建立完善的人才引进政策体系，进一步提升人才引进的精准性，为成都市可持续的高质量发展提供不竭动力。

1.2 国内外研究综述

1.2.1 国内研究综述

（1）人才引进政策相关研究

本书以"人才引进"或"人才引进政策"为关键词，在中国知网（CNKI）上进行检索，以2000—2022年为时间段，共检索相关研究679篇，其中核心期刊（包括北大核心、CSSCI）132篇。由此，本书整理了2000—2022年以来有关"人才引进政策"的年度发文趋势图（图1-1）。

由此可见，我国学术界对于人才引进政策的相关研究数量整体上呈现出逐渐上升的趋势。2014年，时任国务院总理李克强在夏季达沃斯论坛上首次提出"大众创业，万众创新"以来，我国社会上"人人创业、人人创新"的观念蔚然成风。与此同时，大量的创新创业活动也使得社会对于

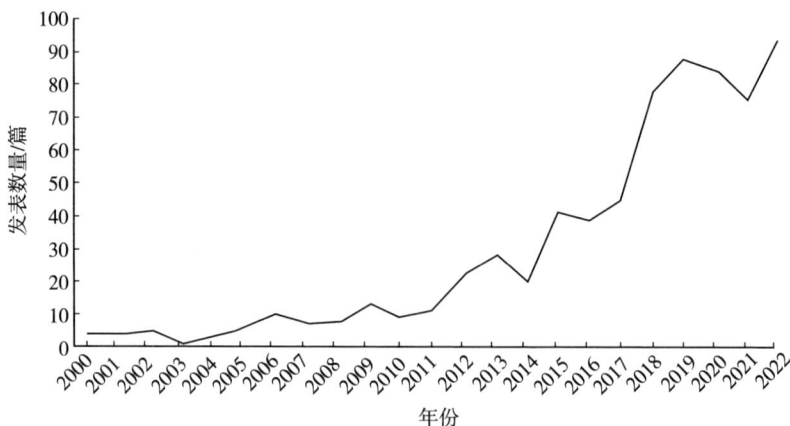

图 1-1 2000—2022 年人才引进政策相关研究发表趋势
数据来源：中国知网。

人才的需求达到了新的高度，因此在这一时期学界对于人才引进政策的研究达到了第一个顶峰。2019 年，十三届全国人大二次会议顺利召开，其间由时任国务院总理李克强所作的政府工作报告指出，"要改革完善人才培养、使用、评价机制，优化归国留学人员和外籍人才服务。把面向市场需求和弘扬人文精神结合起来，善聚善用各类人才，中国创新一定能更好发展，为人类文明进步作出应有贡献。"再次强调了人才在我国经济社会发展进程中所发挥的无可替代作用。因此，这一阶段的相关研究也逐渐增多、研究成果也更为丰富。

此外，在已有研究的内容和主题方面，本书运用了 CiteSpace 软件对上述文献进行关键词聚类分析（图 1-2）。由此可知，自 2000 年至 2023 年，我国学界对于人才引进政策的研究主题较为多元，围绕着"人才引进"或"人才政策"的主题，诸如"科技人才""海外人才""创新人才"等不同类型人才引进政策的相关研究成果较为丰富；同时，在研究内容上，也不仅仅拘泥于人才引进这一环节，"人才集聚政策""人才激励政策""人才流动政策"等贯穿于人才政策全周期的相关政策领域也产出较为丰富的研究成果；在研究方法上，政策文本分析、政策评估以及政策工具等方法也被广泛应用于相关的研究之中；在研究场域中，高校、二线城市、省级城市、地级市等也被纳入了相关的研究视野之中。

总而言之，经过了 20 多年的发展，我国学界对于人才引进政策的相关研究已经具备了较为多元的研究主体、较为丰富的研究视角及研究方法，为本书的相关研究奠定了深厚的理论基础。当前我国对于人才引进政策的研究主要集中在政策的效能评估、政策的对比研究以及具体政策的分析研究三个方面。

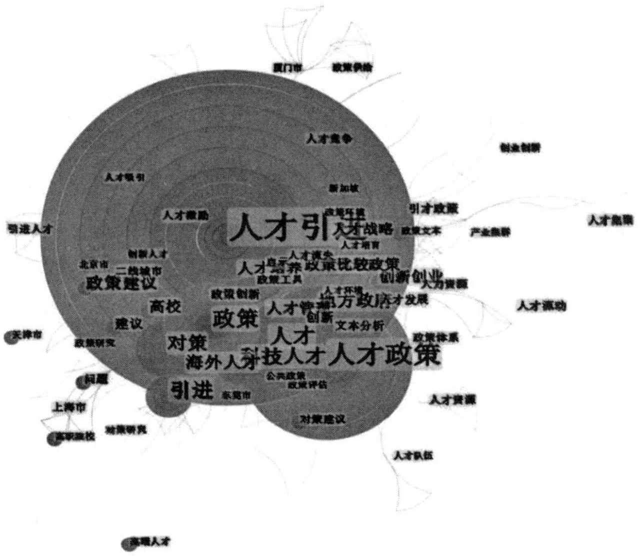

图 1-2 国内人才引进政策研究关键词共现图谱

一是人才引进政策的效能评估。比较政策制定时的预期效果与政策执行产生的实际效能之间差异的过程就是政策评估的过程[1]。对于公共政策而言，对其实际执行时所产生的效能进行评估既是公共政策生命周期中的重要一环，同时也可以为政策制定者和执行者提供学习和调整政策执行的机会。因此，评估我国人才引进政策执行效能的相关研究也日益丰富。

杨河清等以海外高层次人才引进政策为研究对象，从"引得进、留得住、用得好"3个维度构建了该政策实施效果的评价指标体系，并将该评价指标体系用于评价我国人才政策[2]；孟华等以我国34个省级政府所发布的高层次人才引进政策为研究对象，通过构建政策吸引力的相关指标，利用因子分析法测量出各个省级政府的客观吸引力与政策的绝对吸引力，将其进行横向的对比，进而获得各省份对高层次人才政策相对吸引力的评价结果[3]；张兰霞等在明确我国海外科技人才引进政策实施的4个目的（引得进、留得住、用得好、流得动）以及6个维度（招聘、使用、培养、激励、考核、退出）的基础上，以辽宁省海外科技人才引进政策的实施情况为例，运用QFD的方法对其进行评估，并提出了相应完善政策的具体意见[4]；顾玲俐等运用专家访谈法、问卷调查法等研究方法构建了科技人才政策实施效果的评估指标体系及权重，并运用该指标体系对上海市科技人才政策的实施情况进行评估[5]。

二是区域间人才引进政策的对比研究。人才是区域发展的第一资源。在我国人才引进及人才流动的现有格局中，依然存在着"东强西弱、南强北弱、沿海地区强、内陆地区弱"等区域差距较大的现实特点。为此，通过分析、比较不同区域之间的人才引进政策有助于更加全面地了解上述特点形成的深层原因，也可以为协调我国经济和人才流动格局的均衡发展提供有益的经验。

鞠炜等选取了北京、上海、浙江、广东和江苏等5个我国经济较为发达的省份所发布的人才引进政策作为研究对象，从人才的引进、培养和激励3个方面对其进行横向比较，发现上述5个省份在人才引进政策的制定和执行过程中均存在着一定的共性问题，并有针对性地提出了完善政策的建议[6]；刘玉雅等在其研究的基础上，引入AHP层次分析法构建了人才引进政策的评价体系，进一步分析出在这5个省份中，人才引进的标准以及人才激励发展性和福利性为主要影响因素[7]；刘晓光等选取了江苏省和四川省这两个具有我国东西部地区代表性的省份为研究对象，从人才界定、领域范围、资金支持、生活保障、激励措施和后期培养等 6 个方面全面对比，分析我国东西部高层次人才引进政策的共性和差异[8]；李宁等则是通过比较分析上海市与韩国科技创新人才培养政策的共性与特性，以期能够借鉴韩国在人才培养政策上的先进经验为上海市完善人才培养政策提供启示[9]。

　　三是具体人才引进政策的分析研究。我国人才引进政策由于政策对象、政策目的以及人才引进单位等方面的不同，在具体政策的制定和执行方面也呈现出一定的差异性，对具体人才引进政策进行分析的相关研究成果也日益丰富。

　　朱军文等以我国各省级政府所颁布的海外人才引进政策为研究对象，从人才引进规模、引进标准和引进待遇等方面进行了全面的比较[10]；倪海东等首先回顾了我国海外高层次人才引进政策发展历程，运用公共政策分析理论剖析了在新的历史时期加强海外高层次人才的内涵理解和外延属性上的全新认识，从政策设计、政策目标和政策环境等方面分析现行政策的不足并据此提出政策优化建议[11]；李燕萍等以两个国家自主创新示范区北京中关村国家自主创新示范区和武汉东湖国家自主创新示范区为例，对其所发布的人才政策进行内容分析，发现创新示范区的人才政策体系日趋完善，但尚未形成政策制定的"合力"[12]；郭书剑等又将人才引进政策的研究视角扩充至高校，以"双一流高校建设"为背景，对我国 140 所高校的高层次人才引进政策进行分析，发现当前我国高校建设中，高层次人才"商品化"的趋势逐渐显现，并对这种现象进行了利弊分析[13]。

（2）政策文本分析相关研究

　　本书以"政策文本分析""政策文本挖掘"为关键词，在中国知网（CNKI）上进行检索，以 2002—2022 年为时间段，以研究层次为"北大核心""CSSCI"为条件进行检索，共检索出相关研究 987 篇。由此，本书整理了 2002—2022 年有关"政策文本分析"的年度发文趋势图（图 1-3）。

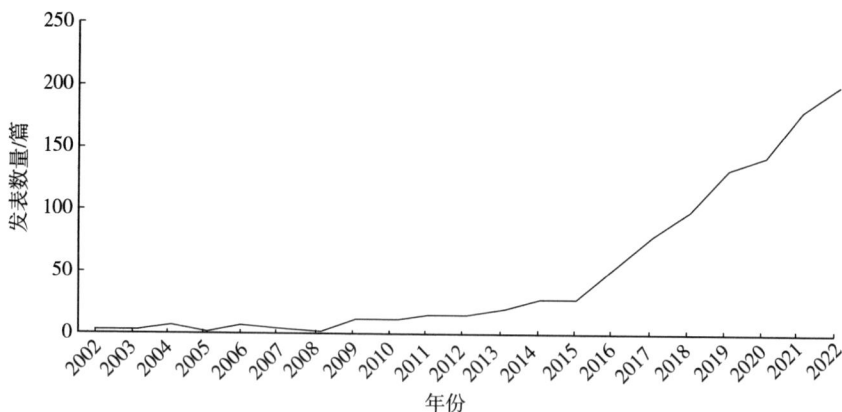

图 1－3　2002—2022 年政策文本分析相关研究发表趋势
数据来源：中国知网。

　　由图 1－3 可以发现，我国学界对政策文本分析的相关研究整体而言较为丰富、发展态势迅猛，已经成为公共政策分析中最重要的方法之一。然而，这种研究方法在 2015 年之前的运用并不广泛。直到 2015 年，浙江大学李江教授等在《公共管理学报》上发表《用文献计量研究重塑政策文本数据分析：政策文献计量的起源、迁移与方法创新》，详细介绍了政策文献计量，即政策文本分析方法的历史渊源与应用场域，并对该方法进行了适应性改造。这标志着，中国化的政策文本分析方法在我国正式发轫，为我国公共政策研究领域开辟了新视角，也为学者们提供了一种规范的研究范式。因此，2015 年后运用政策文本分析方法的相关研究数量也呈现出指数型增长的态势。

　　根据与之相关研究的关键词共现图（图 1－4）可以发现，当前我国政策文本分析相关研究紧紧围绕相关公共政策开展。共词分析、扎根理论等研究方法也被广泛结合在对扶贫政策、人才引进政策、教育政策、体育政策等各个领域公共政策的研究之中，以厘清政策演进脉络、进一步探究政策文本背后所蕴含的政策变迁规律及政策价值取向。根据统计，对于政策文本的量化分析、对于政策文本的内容分析以及政策工具视角下的政策文本分析是当前国内政策文本分析研究领域中最为重要的研究内容，其发文量红占总量的比重分别为 24％、25％和 40％（图 1-5）。

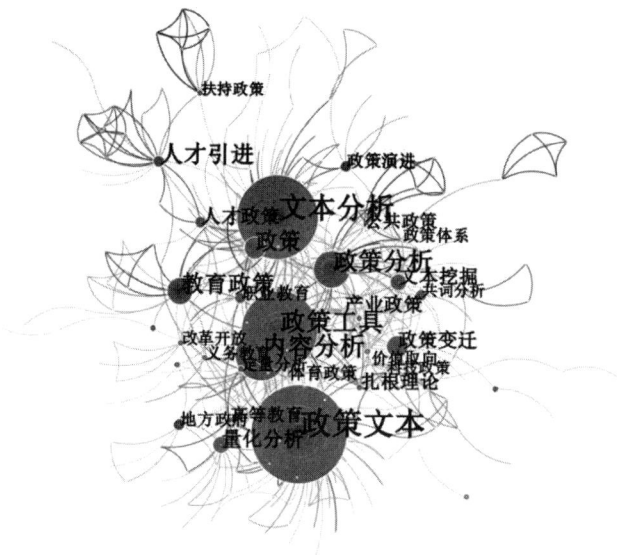

图 1-4　国内政策文本分析研究关键词共现图谱

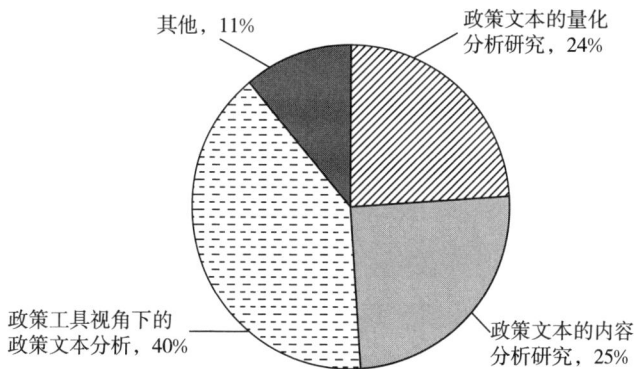

图 1-5　国内政策文本分析研究中研究内容比例

　　一是政策文本的量化分析。政策文本分析的量化主义是指着手从政策文本的外部特征和内容特征发现数量规律，研究方式不仅是基于单篇文本层面的微观统计，还涉及特定领域大批量文本的宏观计量[14]。纵观我国政策文本分析的相关研究，量化主义的思想广泛存在。

刘云等通过对政策文本进行量化分析，系统回顾和分析了我国不同阶段创新政策的演进特征，结合实施创新驱动发展战略的时代形势和需求，提出了加快制定我国国家创新体系国际化战略和政策的若干启示[15]；黄菁创新性地将定量统计分析、多维尺度分析等方法引入地方科技成果转化政策研究领域之中，以239项地方性政策文本为研究对象，对其时间、类型、地域的分布、政策作用以及主题和特征的变迁进行了分析[16]；王宏新等运用政策文本的量化分析方法对我国易地扶贫搬迁政策实施15年以来90余部政策文本进行分类，通过编码的方式从其中选取7个维度，由此将我国易地扶贫搬迁政策划分为试点探索、全面推进和脱贫攻坚3个阶段，并分别总结每个阶段的特点[17]；芈凌云等将我国1996—2015年所发布的生活节能引导政策按照命令控制型、经济激励型、信息型和自愿参与型四种政策类型进行分类，并以政策力度、目标、措施和反馈4个维度为基础建立了政策效力的评估模型[18]；潘丹等运用政策文献计量法和内容分析法相结合的方式，从政策类型、发文部门、政策阶段划分、核心政策识别、不同阶段的政策内容以及政策供给和需求之间的矛盾等维度对我国2010—2020年76份有关农村集体产权制度改革政策的变迁进行量化分析[19]。

二是政策文本的内容分析。政策文件以及与政策相关的文本是政府行为的反映，是记述政策意图和政策过程尤为有效的客观凭证[20]，而内容分析法是政策分析方法的主干，其作用在于分析、解释、预测政策文本中有关主题的本质性的事实以及与其关联的发展趋势，和政策文本的量化分析相比，政策文本的内容分析是"从公开中获取秘密[21]"。

李燕萍等运用内容分析方法对我国自改革开放以来42份科研经费管理政策进行了定量研究，发现我国科研经费管理政策体系的发展历经了"摸索—建立—健全"3个阶段，在政策的制定、管理、价值取向以及政策工具等方面发生了显著的变迁[22]；吕晓等基于内容分析法对我国农村集体建设用地使用权流转政策的演进趋势进行研究，选取 59 份相关政策为样本并对其进行编码，据此提出相应政策建议[23]；黄如花等运用 NVivo 软件对我国政府数据开放共享的政策文本从政策框架和内容两方面进行分析，发现我国政府数据开放共享政策在政策体系、描述规范、数据管理以及政民互动等方面还存在着一定不足[24]；郭俊华等则基于 Anders Lundstrom 和 Lois Stevenson 所提出的创业政策框架，运用内容分析法，从创业促进维度、创业融资维度、创业障碍维度、创业支持维度和创业教育维度对北京、上海和深圳 3 市共 90 项创业人才政策文本进行量化分析[25]。

三是政策工具视角下的政策文本分析。政策工具是政策目标实现过程中所采取的手段和机制。为此，政策工具有效地补充了政策文本研究的视角，可以为研究者有效地提供一条从实现政策目标的视角透视政策文本背后所蕴含的深刻内涵和变迁规律的"工具路径"。当前，选取政策工具为视角的相关政策文本研究通常会将其当作一个维度，进而构建出政策文本的分析框架是我国学界在该领域的普遍范式选择。

对于政策工具的划分当前尚未形成统一定式，其中受到普遍认可的分类是 Rothwell 和 Zegveld 所提出的，将政策工具划分为供给型、需求型和环境型[26]，这也被视为政策工具的基本维度[27]。基于此，谢青等从政策工具和创新价值量两个维度构建了分析框架对我国与新能源汽车产业相关的 37 项中央政策进行分析，进而发现，在政策工具的选择中，环境面的政策工具选择最为广泛[28]；王辉将政策工具与积极应对人口老龄化战略相结合，进而构建政策分析框架，以《国务院关于加快发展养老服务业的若干建议》为蓝本进行分析，剖析了我国养老服务业政策工具的缺失和冲突，并展望了未来的政策发展走向[29]；钮钦以政策工具为 X 轴，以商业生态系统为 Y 轴构建了二维分析框架，对与我国农村电商相关的 48 项中央政策进行分析[30]；汪圣选取了政策工具的分析视角对于我国公共文化服务政策进行编码和内容分析，研究发现我国公共文化服务政策在政策工具的依赖性上呈现出"差序格局"[31]；同样是在新兴技术相关政策的研究领域中，吕文晶等以新一轮人工智能技术革命为背景，以中国国家层面的21项人工智能相关产业政策为样本，基于政策工具和创新过程的二维分析框架，采用内容分析法，对当前中国人工智能产业政策制定的现状与存在问题进行计量与分析[32]。

1.2.2 国外研究综述

（1）发达国家人才引进梳理

经济全球化推动各国积极主动利用全球人才，通过颁布相关人才政策的方式来提升本国对全球人才的吸引力，由此提升综合国力。基于梳理美国、日本和新加坡三个发达国家的典型人才政策（表1-1）可以为本书的研究以及我国人才政策的完善与优化提供借鉴。

表1-1 美国、日本、新加坡典型人才政策或战略

国家	代表性政策或战略名称	发布年份
美国	《人力发展和训练法案》	1862 年
	大学与企业合作研究计划	1973 年
	《教育创新计划》	20 世纪 80 年代
	H-1B 签证计划	1990 年
	《符合国家利益的科学》	1994 年
	《国家制造创新网络：一个初步的设计》	2013 年
	《美国国家创新战略》	2015 年
日本	《新教育方针》	1946 年
	《关于文教再决的议案》	1946 年
	课程改革方案	1958 年
	全面改革日本教育	1971 年
	海外特别研究人员制度	1982 年
	《科学技术立国战略》	20 世纪 80 年代

（续）

国家	代表性政策或战略名称	发布年份
日本	《科学技术创新立国战略》	20 世纪 90 年代
	《21 世纪日本大学及今后改革的对策》	1998 年
	《振兴日本经济—改革大学结构计划》	2001 年
	"21 世纪卓越研究基本计划"	2002 年
	《日本高等教育的将来形象》	2005 年
	《科学技术创新综合战略》	2013 年
	《科学技术创新综合战略 2015》	2015 年
	科学技术发展综合计划	2016 年
新加坡	《新加坡 IT 2000 计划》	1996 年
	《为 21 世纪的劳动力提供动力》	1999 年
	《国家个人计算机操作测试（PCDT）计划》	2001 年
	《基金保证项目》	2002 年
	《国家信息通信技能认证框架》	2003 年
	《人力 21 世纪：一个人才都市的远景》	2005 年
	《新挑战、新目标—迈向充满活力的国际大都市》	2008 年
	《可持续的人口，朝气蓬勃的新加坡：人口白皮书 2013》	2013 年

数据来源：梁俊兰. 新加坡的中国学研究［J］. 当代中国史研究，2005（6）：109.

刘宏，王耀辉. 新加坡人才战略与实践［M］. 北京：党建读物出版社，2015：3.

王飞飞，张生太，张聚良，韩金. 美、日、德等发达国家人才资源开发与管理政策启示［J］. 领导科学，2017（23）：24 - 27.

　　一是美国。20 世纪末 21 世纪初是美国综合国力较为强盛的阶段，在这一阶段，美国人才战略的重点在于通过对人才的再教育以进一步提升其综合竞争力。1995 年，学术与工业联盟资助机会计划（Grant Opportunities for Academic Liaison with Industry Program）的颁布标志着美国在人才的再教育环节中已经形成了一套通用的培训体系，确保高科技人才每年都有固定的机会参与相关的继续教育培训。在培训方式上，美国也注重强调企业与高校之间的合作，采取委托、联合、进修、选聘教授等形式开展培训，充分利用社会资源，将人才培训与企业的战略目标相结合。同年出台的工程教师计划（Engineering Faculty Internship Program）为工程教师提供了到行业实习和创业的机会[33]；与此同时，在人才培养方面，2001 年，美国竞争力计划（American Competitiveness Initiative）颁布，强调美国的优势是保持在人才和创造力上处于领先地位，尤其强调要加大对科研和教育的投资。因此，在这一阶段，美国也积极在大学建立工程研究中心，不断加大科研投资，并设立各种培养高层次人才的特别计划，诸如"青年研究计划"和"总统青年研究奖"。

进入到全球创新创业竞争时期，美国在人才政策上更为重视 STEM 人才。美国国土安全部于 2012 年出台相关政策，用于吸引和保留外国人才，将获得 STEM 学科学士、硕士和博士学位的学生签证持有人的毕业后实习签证延长 17 个月[34]；2017 年出台的《STEM 教育战略规划（2013—2018 年)》[35]，尤其强调加强美国 STEM 领域的后备人才培养和储备，以保持美国在国际中的竞争力。

2008 年金融危机爆发后，为应对金融危机，美国政府分别于 2009 年、2011 年和 2015 年发布《美国创新战略》，2009 年将人才战略的重点置于培养与清洁能源技术、汽车技术及 IT 技术等领域相关的人才上；2011 年则明确指出人才、科研、基础设施是美国创新、创业的重要基石[36]；2015 年则提出要营造良好的人才培养环境，借助人才、创新思维和技术工具的结合，为公众提供更好的服务。

二是日本。日本作为非移民国家，其人才战略的变迁呈现出由"本土化"向"国际化"转型的趋势[37]。20 世纪 60 年代以后，日本的经济进入高速增长时期，国内对于大量人才的迫切需求与国内人才短缺之间的矛盾逐渐激化。因此，日本开始在人才战略上进行调整，1964 年日本设立了"外国人奖励研究员事业"奖，以鼓励国外的高层次人才能够继续在日本从事相关研究，这也是日本人才战略由"本土化"向"国际化"转型的开端。

20 世纪 80 年代，日本人才引进战略的重点是欧美国家的优秀科研人才。1982 年，日本政府制定了《国立、公立大学任用外籍教师的特别措施法》；1986 年，颁布《研究交流促进法》；1988 年，制定《外国科技人员招聘制度》；从而打破了以往只有日本公民才能成为科研研究员的制度障碍，极大地提升了日本高校和科研院所吸纳全球优秀科研人才的能力。

20 世纪 90 年代中期开始，日本政府出于加强国家对科学技术事业的支持以及提升管理效能的考虑，全面引入科学技术的规划及管理模式，并于 1995 年出台了《科学技术基本法》，正式确立了"科学技术创造立国"的基本国策，随后又以此法为基础，用 5 年时间制定了三期科学技术基本计划，这标志着日本人才战略的重大转型正式进入了"科学管理规划"时期[38]。

在第一、二期科学技术基本计划期间，日本致力于高校和科研院所基础设施的改善和提高，极大地改善了国内的科研环境。2005 年，为了进一步提升日本高校吸纳全球优秀人才的能力，日本政府实施大学国际本部强化事业，并制定了促进大学和研究机构录用优秀外国研究人员制度，从而建立并进一步完善与国际上其他高校和科研机构的沟通交流渠道。在第三期科学技术基本计划期间，日本政府明确提出："不问国籍，让全世界的优秀人才汇聚日本"的理念[39]。因此在这一阶段，人才流动中的体制性和制度性障碍开始被逐渐打破。2006 年，日本政府将经过认证的研究人员的签证从 3 年延长到了 5 年；2007 年，日本政府投入 1.87 亿日元以支持促进外国研究人员在日本落户的政策。

进入 21 世纪以后，日本继续坚持并深化人才战略国际化转型的工作，于 2008 年提出《研究开发能力强化法》，在充分肯定当前人才战略和具体政策的同时也从不同方面对完善创新环境、提高开发效率等作出了具体的规定；2011 年第四期科学技术基本计划着眼于今后十年的发展，重点放在"绿色"和"生活"领域，提出以技术革新来提高潜在增长力；2013 年 6 月，日本制定了《科学技术创新综合战略》，提出要从"智能化、系统化、全球化"的角度，推动科技创新；2015 年，《科学技术创新综合战

略 2015》重点阐述了借助物联网和大数据培育新产业等内容；2016 年
1 月，在内阁会议上通过了第五期科学技术基本计划，提出了科学技术发
展的综合计划[40]。

三是新加坡。新加坡作为一个自然资源匮乏的岛国，在条件相当有限
的情况下，独立后经过 40 多年的发展，已经成为"亚洲四小龙"之一。
能够创造如此奇迹，与其对人才的重视是分不开的。自立国之初，新加坡
就非常重视人才，将人才政策提升至国家战略层面，由最高领导人组织推
动实施。经过多年对人才政策的反复实践与完善，新加坡逐渐形成了一套
完备的、适合自身发展的人才战略[41]。

新加坡始终重视人才的培训工作，已经构建了全方位、多层次、宽领
域的培训体系。2003 年，新加坡提出了人力资源发展的三大战略，其中
之一就是人力资源培训战略，包括授权就业职前培训计划（PET）与继续
教育和培训计划（CET），旨在通过继续教育推动本土劳动力和产业发展
的现代化转型。为激励雇主资助其员工提升技能，新加坡早在 1979 年就
颁布《技能发展资金征收条例》[42]，从而为提升本土化劳动力技能提供资
金保障。

20 世纪 70 年代后期，新加坡劳动力资源不足的问题开始日益显现，
为适应经济发展，新加坡政府颁布了《外国劳工就业法》，进一步完善了
外来劳工管理体系与选择性移民制度[43]。20 世纪末，受全球化和亚洲金
融危机的影响，新加坡经济开始向知识经济转型；1999 年以后，政府就
致力于创造条件鼓励高科技发展，并与制造业和服务业相得益彰。同年，
新加坡发布《人力 21 世纪：一个人才都市的远景》战略规划，正式将
"把新加坡打造成人才之都"提上议程；2007 年，为了适应经济发展对高
端人才的需求，新加坡政府在人才引进上倾向于吸引更多受过高等教育的
移民以填补私人银行业和金融服务业等职位[44]；2008—2009 年金融危机
期间，由于经济下滑与失业率上升，新加坡一度放慢了引进海外人才的脚
步，随着经济的逐渐复苏，在恢复对海外人才积极引进的同时也导入了

"适度管理方针"[45]，对具备优秀才能或创业能力的人才给予重点关注，标志着"适度管理，针对引进"人才思路的确立，并沿用至今。

（2）具体研究内容

作者以"Policy text analysis"或"Policy text mining"为关键词，在 Web of Science 数据库上进行检索，来源类别为 Web of Science 核心合集，检索时间为 2000—2022 年，并运用 CiteSpace 软件进行去重后，共得到 2 429 篇文献，并生成关键词共现图谱（图 1 - 6）。

由图谱可知，相较于国内，国外的政策文本分析起步较早、发展历程较长，已经成为社会科学领域中最为常见的研究方法，其研究成果也更为丰富、研究主体和所涉及的学科也更为多元。对政策文本分析方法的选择相较于国内研究更倾向于内容分析法或基于政策工具的视角展开分析，国外相关研究更多地选择主题模型对政策文本进行分析。同时，在所研究的政策领域中，公共卫生领域中的公共政策是其研究的焦点所在，约占相关研究总数的 34.1%。

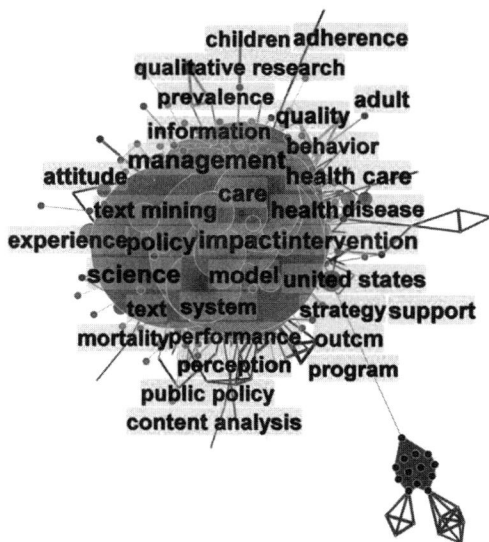

图 1 - 6　国外政策文本分析研究关键词共现图谱

首先是主题模型在政策文本分析中的应用。随着政策文本分析相关研究的不断深入，越来越多的学者认识到运用传统文本挖掘方法对公共政策进行分析所得到的结果可解释性较差，且难以满足细粒度的信息需求[46]。因此，运用主题模型对政策文本进行深入语义层面的文本挖掘技术应运而生。Lucas. C 等从比较政治学的视角运用结构化主题模型讨论了在处理、管理、翻译和分析文本数据时所出现的实际问题，尤其关注程序在不同语言之间的差异性[47]；Ruhl. J. B 等认为大量的法律文件对于传统的法律文本的分类和建模提出了全新的挑战，而作为人工智能子集之一的计算文本分析则为这项工作提供了一个较为有效的工具，并运用 LDA 主题模型对法律文件的主题进行分类[48]。此外，主题模型也被广泛应用于政策的对比研究之中；Altweel. M 等就将 LDA 和 HDP 两种主题模型相结合，并结合词频逆文档率（TF－IDF）对加拿大生态环境保护政策进行分析，发现政府和公众对政策语义的理解不同会给相关政策的实施造成干扰[49]；Wen. Q 等运用 ATM 模型对中国 31 个省（自治区、直辖市）所颁布的263 项桥梁管理相关政策文件进行文本分析，发现桥梁养护的安全责任体系在近年来受到了更多的关注，同时，相关监管部门所采取的积极措施会减少桥梁坍塌事故发生概率[50]；Isoaho. K 等通过主题建模的方式对欧盟所提出的 500 多项"能源联盟"的政策文件进行文本分析，以判断该政策的执行状况和优先级。研究发现"能源联盟"政策并不是一个"浮动的能指"，而是有一个清晰的、逐步发展的脱碳议程。它是否进一步发展成为脱碳的积极驱动力将在很大程度上取决于项目的实施阶段[51]。Hsu. A 等将 STM 主题模型应用至全球气候治理政策的研究之中，探究 147 个国家在全球气候治理中的自主贡献。研究发现，相较于发达国家，发展中国家在全球气候治理中会更为频繁地引用消极安全保证，各国也更为倾向提升非国家安全机构在这一过程中的贡献[52]。

其次是公共卫生领域中政策文本的分析研究。Lazard. A 等通过分析公众在社交媒体上所发表的评论来分析美国食品和药物管理局（FDA）

所发布的电子烟法规的社会接受程度。在运用 NUVI 软件进行文本收集，并运用 Miner V. 12.1 对其分析后发现，公众在社交媒体上对该法规的反馈基本是负面的。为此，公共卫生倡导者应考虑如何更好地使用社交媒体传达政策意图，以创造更为平衡的对话[53]。Spanhol‑Finocchio C. 等对美国和哥伦比亚特区于 2003—2013 年所颁布的与肥胖相关的政策文本进行分析，研究发现与肥胖相关的公共政策内容在美国总体上是统一的，其中多学科相互交叉的研究占据主导地位[54]。老年人的医疗保健是公共卫生领域中的重点问题之一，而中国作为世界上人口老龄化趋势最为显著的国家之一，对其养老政策的相关研究数量在近年来也不断提高。Li X. 等对中国 3 618 项省级养老政策进行文本分析。研究发现，中国地方养老政策的变迁共经历了三个阶段，同时，相较于发达地区而言，欠发达地区在使用基本政策工具的同时，更多地运用核心政策工具以提升当地老年人的福祉[55]；Song C. 等运用 LDA 主题模型和 K‑Means 聚类模型对比分析了中国在 2007—2022 年所颁布的食品安全政策以弥补学界对于长期深入定量分析食品安全问题的空白[56]。

最后是对于政策文本分析方法的评价。Proksch S. 等认为当前学界缺乏对于通过政策文本分析而产生对政策立场的有效估计条件的透彻了解。因此，他们使用 Wordfish 算法对 1969 年至 2005 年的德国政党制度进行了分析。研究展示了算法为各种单词子集提取左右位置的稳健性，但如果分析整个宣言语料库，则在估计长期序列时议程效应占主导地位[57]。Hjorth F. 等分别运用 Wordfish 和 Wordscore 两种工具对丹麦和德国 33 次总统选举中的 254 份宣言进行文本分析。研究发现，前者只复制了德国选举宣言中的政治立场，表明自动化方法可以产生对政党立场的有效估计结果。此外，这种研究方法也需要更长且政治色彩更重的文本才能取得预期的分析效果；而 Wordscores 几乎复制了 CMP（比较宣言项目）、选民和专家对政党立场的评估。这表明，对于相同的文本而言，运用不同的分析方法可能会产生不同的结果[58]。

1.2.3　国内外研究评述

当前，国内有关人才引进政策的相关研究主要集中于对人才引进政策的效能评估、区域间人才引进政策的对比研究以及具体人才引进政策的分析研究 3 个方面。

在政策文本分析的相关研究中，整体而言，我国对于该领域的研究正处于起步阶段，近年来的发展势头较为良好，对于关键问题也基本达成共识并已基本形成较为成熟且广泛适用的研究范式。但相较于国外相关研究而言，所涉及的研究主题还不够丰富，跨学科研究成果还有待提升。在研究方法上，也较少引入主题模型分析的方法，在定量研究领域稍显薄弱。

综上所述，纵览国内外相关研究，无论是在研究内容还是研究方法上都为本书提供了较多的经验借鉴，为后续的研究打下了较为坚实的理论基础。但也存在一定的空白之处：首先，在人才引进政策的相关研究中，就研究区域而言，较少研究选取西部地区进行研究，已有研究多集中于东部沿海地区或一线城市，而对于西部地区中新一线或二三线城市涉及较少；其次，在研究方法上，已有政策文本分析的相关研究更多偏向于对政策文本在不同阶段中量的变化进行简单描述，对于政策文本背后的内容以及政策变迁的逻辑探讨较少，并未真正实现"透过文字看实质"的研究目标；最后，在研究尺度上，已有研究所选取的尺度要么过于宏观不够聚焦，要么过于微观，太过细碎。并未形成一种结合理论与方法的中观研究尺度对政策文本进行分析。

1.3　研究思路、内容与方法

1.3.1　研究思路

本书将人力资本理论、政策工具理论以及政策扩散理论贯穿始终，按照"理论准备—研究综述—框架建构—政策分析—归纳结论"的研究逻辑展开。在理论准备阶段对核心概念进行界定，并通过文献的归纳与演绎提炼理论基础。在研究综述阶段回顾国内外相关研究成果，从而为本研究的开展奠定文献基础。在框架构架阶段，本书首先对成都市人才发展现状进行梳理，又以人才引进政策的范围与标准、资金支持以及环境建设 3 个维度对成都市现有人才引进政策进行概括。进而基于时间、空间以及政策要素 3 个维度构建政策演进分析框架，为后续政策的分析指明方向。在政策分析阶段，本书首先选取并收集了 2000 年至 2023 年成都市及其各辖区所颁布的人才引进政策文本，并根据框架维度探究其演进变迁逻辑。在归纳结论阶段，本书将基于研究成果对成都市人才引进政策演进的整体特征及变迁逻辑进行归纳总结，并提出相应的政策建议（图 1-7）。

1.3.2 研究内容

本书共有 5 个章节。第 1 章是绪论。包括研究背景与意义、国内外文献综述、研究思路、研究内容、研究方法与创新点。

第 2 章是概念界定与理论基础。这一部分主要的目的是明确本研究所涉及的主要概念及对相关理论进行介绍。在对"人才""人才引进政策"以及"政策演进"三大关键概念进行界定后，阐述人力资本理论、政策工具理论及政策扩散理论等理论基础。

第 3 章是成都市人才发展现状以及人才引进政策概述。这一部分首先对成都市包括人才规模、结构以及供需状况在内的人才发展现状进行总结。其次从人才引进的政策内容出发，从人才引进的范围及标准、资金支持以及环境建设 3 个维度概括成都市现有的人才引进政策。

第 4 章是成都市人才引进政策文本分析。本章首先明确政策文本的来源与选择标准，进而基于人力资本理论、政策工具理论以及政策扩散理论构建三维分析框架。其次运用该框架对 21 世纪以来成都市人才引进政策文本在时间、空间以及政策要素维度上进行单维度分析与交叉维度分析。

第 5 章是结论与讨论。基于上述的研究结果归纳成都市 21 世纪以来

研究逻辑　　　　　　研究内容　　　　　　　　研究方法

理论准备　→　核心概念界定
　　　　　　　　人才　政策演进　人才引进政策　←　文献的归纳与演绎
　　　　　　　　理论基础
　　　　　　　　人力资本理论　政策工具理论　政策扩散理论

研究综述　→　国内研究综述
　　　　　　　　人才引进政策研究　政策文本分析研究　←　文献的归纳与演绎
　　　　　　　　国外研究综述
　　　　　　　　政策文本分析研究

框架建构　→　成都市人才发展现状及人才引进政策概述
　　　　　　　　政策演进分析框架构建
　　　　　　　　X轴：时间维度　Y轴：空间维度　Z轴：政策要素维度　←　文献的归纳与演绎

文本分析　→　政策文本的选取和收集
　　　　　　　　成都市人才引进政策文本分析
　　　　　　　　时间维度分析
　　　　　　　　年度发文趋势　关键时间节点　政策演进阶段
　　　　　　　　空间维度分析
　　　　　　　　空间分布演进特征　空间扩散动因分析
　　　　　　　　政策要素维度分析
　　　　　　　　政策主体　政策工具　政策焦点　←　共词分析法　程序化扎根理论　社会网络分析法

归纳结论　→　研究结论与政策建议　←　政策分析

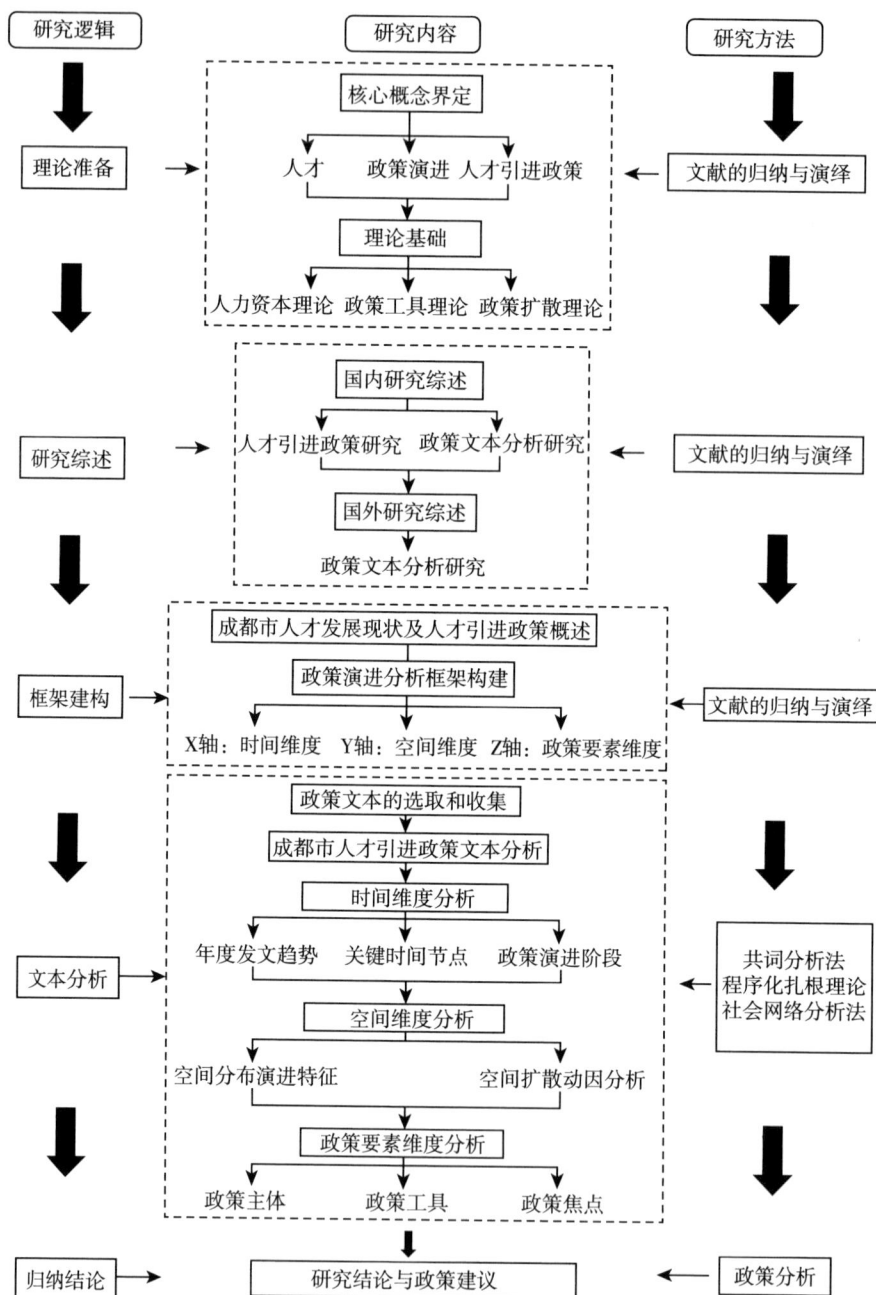

图 1-7　研究技术路径

人才引进政策演进的整体特点以及背后的深层次逻辑，并据此提出相应的政策建议。最后总结研究限度并展望未来可能的研究方向。

1.3.3　研究方法

1.3.3.1　内容分析法

　　内容分析法（Content Analysis）是一种通过对"内容"的分析以获得结论的一种研究手段，它结合定量研究方法与定性研究方法，广泛应用于政治学、传播学、心理学、历史学、语言学等人文科学领域，具有广阔的发展空间和较强的生命力[59]。值得一提的是，内容分析法绝不仅仅是对"文字"本身进行分析，而是要求研究者试图发现"内容"与"研究问题（结论）"之间的逻辑关系[60]。这一方法在本研究中主要用于政策要素维度的分析。具体而言，本研究首先运用 ROST Content Meaning 6.0 软件对政策文本中的关键词进行分析和提取，并根据关键词频及词频数量的高低归类至不同的政策工具类型中，探究政策在工具维度上的演进特征；运用程序化扎根理论对政策文本进行三级编码，生成核心范畴，从而对政策关注焦点变迁逻辑进行研究；最后由 UCINET 软件对政策发文主体之间的协作关系进行分析，并运用 Net Draw 工具生成政策主体的社会网络关系图，进而挖掘政策发文主体在协作广度和深度方面的演进规律。

1.3.3.2　程序化扎根理论

　　社会科学中的内容分析或文本分析并非仅仅是对政策文本进行简单概括和纯粹叙述，其根本目的在于揭示其与社会事实之间的联系[61]。相较于其他编码方式而言，程序化扎根理论可以借助 NVivo 软件，通过对政策文本逐字逐句地编码，可以更为准确地归纳概念与概念之间、概念与范畴之间以及范畴之间的逻辑关系。因此，本书引入程序化扎根理论对于政策文本内容进行分析，通过编码找出成都市人才引进政策关注的焦点，从而为后文研究其变迁规律做准备。

1.3.3.3 时间序列分析法

时间序列分析法起源于市场营销学，是一种用来预测各种变化趋势的统计学方法，而个人和政治系统都同样倾向于在不同的时间关注不同的问题[62]。成都市的人才引进政策作为一种在复杂政策背景下，面对社会主要矛盾变迁所做出的一种政治决策，也必然具有一定的动态性。为此，本书将选取关键历史事件或重大政策发布年份，运用时间序列分析方法将成都市人才引进政策的发展历程划分为不同的阶段，并进一步探析不同阶段中政策工具、政策焦点以及政策主体协作关系的演进逻辑及其内在规律。

1.4 研究的创新之处

首先是研究方法的创新。本书创新性地将定量分析与定性分析相结合，从而能够较为全面地理解成都市人才引进政策的变迁规律及逻辑。具体而言，本书运用诸如 ROST Content Meaning 6.0 及 UCINET 等分析软件对成都市人才引进政策进行量的分析，并将其进行归类，运用内容分析法、NVivo 软件等质性研究的方法和工具对其背后的变迁逻辑进行进一步探究，从而能够实现定量分析与质性研究相结合的研究目标。

其次是研究尺度的创新。通过梳理已有研究发现，当前政策文本分析的相关研究在研究尺度上要么选择宏观研究尺度，难以聚焦；要么选择微观尺度，过于细碎，难以形成系统。为此，寻求方法及理论相结合的平衡点，进而形成一种中观的研究尺度对政策文本进行分析，既要有大量的统计数据为基础，深入政策文本本身，又要以一个系统性的视角去审视政策变迁的历程、总结其发展脉络及趋势就成为本书的重点和创新之处。本书尝试从时间、空间以及政策要素三个维度去分析政策文本，既包括单维度的分析，也包括交叉维度的分析；既包括了宏观的历史尺度，也包括微观的工具尺度。如此便可以形成一种结合宏观、微观尺度的中观研究尺度。

第2章 概念界定、理论基础及分析框架

2.1 概念界定

2.1.1 人才

"人才"是我国自古以来就有的独特概念,对其内涵的界定也会随着社会的变迁而发生变化。"人才"这一概念最早出现于《易经》中的"三才之道""有天道焉,有人道焉,有地道焉。兼三才而两之,故六。六者非它也,三才之道也。"东汉王充在《论衡》一书中的《累害篇》首次使用了"人才"一词,认为"人才高下,不能钧同。"此外,在《效力篇》中"六国之时,贤才之臣,入楚楚重,出齐齐轻,为赵赵完,畔魏魏伤"论述了人才在国家兴衰治理中的极端重要性。"德不优者,不能怀远;才不大者,不能博见。"也指出了我国古代选拔人才的主要标准,即"才德兼备,以德为先"。唐代政治家、文学家陆贽在《论人才》中认为"人之才行,自昔罕全,苟有所长,必有所短。若录长补短,则天下无不用之人;责短舍长,则天下无不弃之士。"也指出了人才开发与使用的关键在于"取长补短"。

近代以来,随着经济社会发展不同时期的变化及需要,我国对"人才"的解读和诠释也呈现出了差异化、多元化发展的趋势。从专家学者的阐述来看,当前我国学界对于"人才"这一概念的界定及其内涵的理解依然没有脱离"应用—创新"二分法的藩篱,即将人才划分为"应用型人

才"和"创新型人才"。将前者定义为"既有足够的理论基础和专业素养，又能够理论联系实际将知识应用于实际的人才[63]，是基础型人才和理论型人才之间的'桥梁型人才'。其功能在于能够将已经被发现的一般自然规律转换为应用成果[64]，同时具备胜任某种职业岗位的技能，能够解决生产实际中的具体技术问题[65]。"与之相对应的，创新型人才需要至少具备以下两方面的内涵：首先是"首创前所未有的事物"；其次是具备包含流畅性、灵活性、独创性以及缜密性四种品质的"创造性思维"[66]。基于此，创新型人才的基本特征是"具有较强创造能力和习惯于创造性思维的人才[67]"。与此同时，创新型人才还应具备基本的进取精神和开拓精神、有较强的求知欲和创造欲望、有强烈的竞争意识和较强的创造才能，同时还应具备独立完整的个性品质和高尚情感等[68]。综上所述，当前我国学界对创新型人才的定义是富有独创性，具有创造能力，能够提出、解决问题，开创事业新局面，对社会物质文明和精神文明建设作出创造性贡献的人[69]。

从国家方针政策的表述上看，1982年，国务院转批国家计划委员会关于制定长远规划工作安排的通知中，从学历和职称上将"专业人才"定义为"具有中专以上学历和技术员以上职称的人员[70]。"2003年，中共中央、国务院发布《中共中央、国务院关于进一步加强人才工作的决定》，将"人才"定义为"有一定的知识或技能，进行创造性劳动并在建设中国特色社会主义伟大事业中做出积极贡献的人。"2010年，人力资源和社会保障部发布《国家中长期人才发展规划纲要（2010—2020）》，将"人才"界定为"具有一定的专业知识和专业技能，进行创造性劳动并对社会作出贡献的人，是人力资源中能力和素质较高的劳动者。"并再一次强调了人才之于我国经济发展的重要作用，是"我国经济社会发展的第一资源"。与此同时，也首次明确了我国人才的分类标准，主要包括创新型科技人才、经济社会发展重点领域急需紧缺专门人才、党政人才、企业经营管理人才、专业技术人才、高技能人才、农村实用人才以及社会工作人才。

由此可见，"人才"并非一个静态的概念，经济社会的变迁与发展会使其内涵发生变动，这也导致很难对其进行明确的界定，无论是专家学者的研究还是国家政策方针大多采用较为模糊的定性描述。相较于古代社会，近现代对于"人才"概念的界定弱化了对其道德上的要求，且呈现出将其等同于创新型人才的趋势。综上所述，本研究将"人才"界定为"拥有一定的专业知识或技能，在能力和素质上显著区别于其他劳动者且能够在特定领域产出正向成果的人"。

2.1.2　人才引进政策

人才政策是包括一系列人才培养、引进、使用和激励的决策的总和[71]。人才引进政策是其基础和重要组成部分[72]，是指"为了规范人才引进工作而制定的干预、规制和引导国家机关、相关职能部门及其他社会机构合理引才的规范性约定和行动准则[73]。"

人才引进政策主要由以下要素构成：首先是引才的目标、原则和标准；其次是优惠政策要点，主要包括科研资助、创业扶持、社会保障、户籍留居、子女就学以及配偶安置等；最后是保障措施，如组织领导和协调机制建设等[74]。就我国各地颁布的人才引进政策而言，呈现出共性和个性共存的特点。一方面，我国各地人才引进政策颁布的基点均为"通过人才引进满足当地经济社会发展和优化产业结构的迫切需要，进而形成人才比较优势，增强区域的整体竞争力"。政策的重点是招揽高精尖和科技创新领军人才[75]，在优惠政策的形式上也呈现出优先落实户籍和社保政策的共性特点。另一方面，在人才引进立足点、引进方式、引进目标、引进标准以及政策优惠力度等方面则会受到当地经济发展水平、产业结构、战略地位以及未来发展方向的影响而产生差异。

综上所述，本研究将"人才引进政策"定义为"中央或地方政府为了实现政策目标所制定的包含物质激励、保障措施、组织协调以及后续发展等一系列具有差异性规范的总和"。

2.1.3 政策演进

公共政策的演进是政策分析研究领域最为重要的分支之一，研究成果较为丰富，诸多学者从各个角度对"政策演进"这一概念的内涵进行探讨。国内学者更多的是从相似概念的对比入手对其内涵进行理解。汪樟发等认为与政策演进（policy evolution）相似的概念包括政策变迁（policy change）、政策学习（policy learning）、政策范式（policy paradigm）、政策体制（policy regime）和政策风格（policy style）[76]。陈潭将"政策演进"与"政策时滞"和"政策博弈"并称为公共政策变迁的 3 个理论纲要，并从发生学的角度将政策研究的动力源定义为政策需求与政策供给之间的矛盾运动，并将政策演进过程的表现抽象为"失衡→需求→供给"[77]。刘波濒等通过对百年以来中国共产党人才政策演进历程的分析将"政策演进"定义为"政策主体根据理论和实践的变化，对政策进行必要的补充、调整和中止，从而实现政策向前向好的变化和推进[78]。"

国外学者对政策演进概念的界定则更多地包括了"政策范式"与"政策学习"的意蕴。Hall 在对英国宏观经济政策从货币主义转向凯恩斯主义的研究中提出了政策范式变迁的理论解释框架。该框架认为，政策主体，也即政策制定者通常是在一个由政策理念（policy concept）和政策标准（policy standard）所组成的框架下进行决策，这一框架规定该政策的目标以及为了实现该目标所应采用的政策工具。由此得出了政策演进的本质是该框架发生变动，即政策制定者的政策理念、政策标准以及政策工具应用发生变化的产物[79]。Bennett 和 Howlett 从政策学习的角度对政策演进的定义进行阐释，从"政策学习主体""政策学习内容"以及"政策学习后续影响"3 个角度对政策变迁多种理论进行综合，认为政策变迁的根本源动力在于政策学习。具体表现为政府学习（government learning）、教训吸取（lessons drawing）和社会学习（social learning）三种形式[80]。豪利特和拉米什在 Bennett 和 Howlett 的理论基础上，基于政策学习的基本类型对政策演进的模式进行划分。他们认为政策学习包含内生性学习和外生性学习两种基本模式。内生性学习又被称为"教训吸取式学习"，多发生于小的政策网络中，政策学习的主要内容在于政策背景和政策工具；而外生性学习又被称为"社会学习"，主要发生于更为广泛的社会政策群，学习的内容主要包含对于政策问题的剖析、政策目标等。基于此，政策演进也应至少具备两种基本模式，与"教训吸取式学习"相对应的是政策演进的常规模式，即在原有政策框架内，根据政策背景的变动对政策工具的应用及其他政策内容进行调整；与"社会学习"相对应的政策演进模式被称为"政策范式的变迁"，即在根本上对现有的政策进行修正和改变[81]。

根据国内外学者对政策演进这一概念的界定，本书认为，政策演进至少包括以下特点：①政策演进这一概念并不是孤立存在的，而是更多地与政策学习、政策范式等概念相联系，对于这一概念的理解也应尝试从其他公共政策相关理论出发；②政策演进是理论和实践，也即外部政策背景变化的产物；③政策主体是政策演进的主要推动力；④政策演进主要体现在政策内容层面的调整，具体体现为政策内容的补充、调整或终止；⑤政策演进的理想结果是使得政策内容符合政策外部环境的变化，从而实现积极、正向的发展。综上所述，本书结合研究主题和研究对象将政策演进界定为"由于外部政策环境变化而引发的具体政策内容在时间、空间以及包含政策协作主体、政策工具和政策焦点在内的政策要素的变化。其本质是政策主体推动公共政策更加符合政策环境，从而产出更好政策绩效的过程。"

2.2　理论基础

2.2.1　人力资本理论

随着知识无限增长的巨大效应以及社会经济由传统型经济向知识型经

济转变，人力资本的崛起及其在经济社会发展中的推动效应也日益显著。人力资本理论作为西方经济学中最为重要的分支之一，历经百余年的发展，其现实意义也随之凸显。西方人力资本理论的发展史可以归纳为三个阶段：理论萌芽阶段、理论完善阶段以及理论发展阶段。

亚当·斯密（Adam Smith）对柏拉图"人们生来就具有某些才能"的观点进行挑战，并于 1776 年出版的《国富论》中提出人力资本属于一种固定资本，并且指出教育是提升个体人力资本最为重要和必要的途径[82]。这一观点被视作是人力资本理论的起源。在此基础上，古典经济学家让·巴蒂斯特·萨伊（Jean Baptiste Say）、德国经济学家约翰·海因里希冯·杜能（Johan Heinrich von Thunen）、弗利德里希·李斯特（Friedrich List）以及阿尔弗雷德·马歇尔（Alfred Marshall）等纷纷提出了多样的观点与思想，从而奠定了人力资本理论研究的基础，并开创了人力资本学派。然而，这一阶段的人力资本思想都是建立在资本一元导向的基础之上的，即认为"劳动的报酬只是工资，而资本的报酬才是利润"。与此同时，他们至多是在比喻意义上认为劳动也是一种资本，但从来没有真正地把它当作资本[83]。

20 世纪 60 年代是人力资本理论的形成阶段。一方面，随着社会科学的发展以及跨学科研究的繁荣，为现代人力资本一般理论提供了稳定而又热烈的外部环境；另一方面，传统资本理论无法解释那些战后受损十分严重或资源条件较差的国家在经济上取得较大成就。这也为人力资本理论的发展提供了内在的驱动力。在这一时期，人力资本理论的代表人物主要是舒尔茨（Theodore W. Schultz）、贝克尔（Gary S. Becker）和阿罗（Kenneth J. Arrow）。

舒尔茨的主要贡献在于首次界定了人力资本的概念与性质、明确了人力资本投资的内容与途径以及人力资本在经济增长中的作用等。舒尔茨将这一概念划分为"人力"和"资本"两部分，他认为，之所以称其为"人力"是因为"它是个体身上的一部分"，之所以称其为"资本"是因为

"它可以为个体带来未来的满足和收入[84]"。此外，舒尔茨还明确地概括了人力资本投资的五大范围和内容：①医疗和保健；②在职人员训练（包括企业的旧式学徒）；③学校教育；④企业以外的组织为成年人举办的学习项目；⑤个人和家庭为适应就业机会的变化而进行的迁移活动[85]。贝克尔和阿罗则深入阐述了人力资本与经济增长和知识效应之间的关系。贝克尔指出"人力资本投入增加最为重要和直接的结果是推动技术进步。技术进步推动了生产力的提升，进而增加了技术人员的相对供给，即经济收入[86]。"此外，他还通过人力资本收入函数分析、拓展了人力资本收入效应的内涵，认为人力资本可以为生产和消费的有机统一奠定基础，人力资本的增加不仅能够改变市场在时间上的生产力，也能够改变人力资本自身的生产函数[87]。在人力资本与知识效应的关系上，阿罗首先明确了劳动者对知识需求的重要性，"知识不仅使得相对高技术需求有所增长，也相对于新旧物质资本的生产性服务之需求有所增长[88]。"与此同时，他拓展了人力资本获得知识的路径以及场域。认为"劳动者不仅可以通过接受正式或非正式教育的途径以获得知识，通过实际生活以及职业训练的方式也可以促进知识的积累[89]。"在这一阶段，人力资本理论得到了更为全面的发展，明确了人力资本的概念、获取的途径、与经济增长和知识效应之间的关系等，但对人力资本促进经济增长的具体领域及深层逻辑仍然鲜少涉及。

20 世纪 80 年代后，随着知识经济和经济增长理论发展，更多的经济学家参与到了人力资本与经济增长之间的关系研究中来，运用大量的数理模型对其内在的深层次逻辑进行推演和实证分析。乌扎华（Hirofumi Uzawa）将新古典经济增长模型拓展到了教育和生产两大部门之中，被视作是最早的人力资本模型。保罗·罗默（Paul Romer）构建了"罗默内生增长模型"，将知识作为一个独立的要素纳入经济增长模式之中，并认为该要素是促进其增长的重要因素之一，揭示了当前世界经济高速发展以及发达国家和发展中国家之间差距越来越大的原因[90]。罗伯特·卢卡斯

（Robert Lucas）在乌扎华、阿罗和罗默所构建的模型之上，进一步凸显了外溢效应对人力资本的影响，强调了人力资本的重要性以及劳动力通过教育所获得知识积累的人力资本对社会经济增长的重要推动作用[91]。斯科特（A. D. Scott）提出了"资本投资决定技术进步模型"，阐明了投资、技术进步与经济增长三者之间的紧密联系。此模型在一定程度上也能够阐释不发达国家发展国际贸易的原因，即通过贸易吸引先进的技术、人才和管理经验，从而形成赶超优势。

2.2.2　政策工具理论

威尔逊（Woodrow Wilson）认为"行政学研究的两大目标：一是政府能够做些什么；二是政府如何在低成本的情况下高效地完成这些事情[92]。"由此可见，威尔逊认为行政学在研究政府主体时应关注政府的管理内容和管理手段。后者则能够进一步延伸为政府选择公共政策以完成政策目标。20 世纪 80 年代以来，随着西方福利国家的治理失败以及对政府运作低效的反思，"新公共管理运动"随之兴起。相较于"新公共行政"而言，这一思潮更加注重市场机制以及对工具理性的再反思，更加注重实现公共管理目标的手段与工具。在此背景下，达尔（R. A. Dahl）和林德布罗姆（C. E. Lindblom）首先基于政治学和公共管理学视角对公共政策展开研究，并提出了政策工具的基本理论，即"在政策工具和技术理性之间寻求平衡点，使之成为政府管理的有效手段[93]。"与此同时，随着胡德（Hood）、盖伊·彼得斯（Guy Peters）以及戴维·奥斯本（David Osborne）等研究成果的面世，政策工具研究在西方世界进入了繁荣期。在这一过程中，政策工具越来越和政府管理职能、领域和具体实践相结合，其共同的主题表现为如何通过优化单一政策工具及其之间的组合以帮助政府更好地实现治理目标。

在这一过程中，西方政策工具的研究路径开始分流，形成了"传统的方法"和"经修正的工具论方法[94]"。前者基于"理性人假设"以及"目标意义"理解政策工具的选择过程。认为政策工具并没有任何内在特征，在被设计出来后就可以得到应用，无需关注外部政策环境。而后者在此基础上对其进行了修正，强调了政策工具选择、组合过程中"权变"的特性。认为政策工具均具有独一无二的内在特征，因此要关注政策工具应用的政策外部环境及其背后的政策价值与规范。公共行政学领域的政策工具研究者基于"价值—理性"的判断，依然坚守"传统的方法"，认为政策工具研究具有以下特点：①政策工具只有使用属性，没有内在特征；②政策工具的选择和组合与政策环境无关，其过程只是一种政策执行者的指令方式；③研究政策工具的目的在于找出政策工具组合的科学方法。这种"情境无涉"的研究思想受到政治学领域政策工具研究者的猛烈批判，并逐渐落入下风。以政治学领域政策工具研究者为代表的经修正的工具方法论已经成为国内外政策工具研究的主导方法论。

这种方法论将研究的重点置于政策工具政治属性上，基于其政治文化及意识形态开展研究。此外，它将政策工具的选择和组合视作是"一种追求合法性的政治过程"。这一过程不仅会受到诸如法律、意识形态、预算等政治和客观因素的影响和限制，也需要充分考虑政策目标群体（公众）的态度、行为、偏好和动机。因此，现代政策工具理论的核心思想可以理解为政府政策工具的分析和选择必须置于特定时空条件下具体的政治经济情况及其隐含的权力关系下来了解其政策过程与意义[95]。

对政策工具的分类及标准的探讨是当前政策工具理论研究中的重要组成部分。豪利特（Howlett）和拉米什（Ramesh）基于政府干涉程度将政策工具划分为自愿型工具、强制型工具和混合型工具[96]。自愿型工具包括家庭与社区、自愿性组织和私人市场等；强制型工具包括管制、公共事业和直接提供；混合型工具则包括信息与劝诫、补贴、产权拍卖以及税收和使用费。罗斯维尔（Roy Rothwell）和泽赫菲尔德（Walter Zegveld）则根据政策工具产生的着力面及影响领域，将其分为供给型、需求型和环境型三大类[97]。具体而言，供给型政策工具主要包括公营事业、科学与技术开发、教育与训练以及咨询服务；需求型政策工具包含财务金融、租税优惠、法规管制以及政策型策略；需求型政策工具主要包含政府采购、公共服务、贸易管制以及海外机构。上述两种政策工具的分类方式是当前国内外研究中最为常用的标准。此外，麦克唐奈（Mcdonnell）和埃尔莫尔（Elmore）则根据政策目标的不同将政策工具分为命令、激励、能力建设和制度变迁四种[98]；克里斯托弗（Christopher）以所调用政策资源类别的不同将政策工具划分为信息类、财政类、权威类与组织类[99]；施耐德（Schneider）和英格拉姆（Ingram）根据政策工具旨在修正的行为将其划分为权威工具、激励工具、能力工具、象征及劝告工具以及学习工具[100]。

我国学者基于具体政策内容、政策环境、政策主客体以及研究领域，始终致力于探索政策工具类型划分的全新标准，也提出了诸多具体的划分标准和思路。但这些研究依然没有突破西方政策工具研究的理论框架[101]，也没有真正意义上摆脱豪利特和拉米什以及罗斯维尔和泽赫菲尔德对政策工具分类的标准[102]。

2.2.3　政策扩散理论

政策扩散（Policy Diffusion）是指某项政策活动从一个地区或部门扩散到另一个地区或部门，并被后者采纳的过程。可以将这一过程的本质理解为交流或影响其他区域或部门政策选择的过程[103]。Marsh 和 Sharman 总结了政策扩散理论的四大特征：①公共政策扩散不仅包括有计划、有组织、有意识的政策空间位移现象，也包括公共政策的自然流行和扩散；②公共政策的扩散不仅包括单向的传播，也包括政策主体对公共政策的接纳与推广；③公共政策的扩散是一个宏观和微观相结合的过程；④公共政策扩散与政策系统内部的整体结构高度相关，公共政策的转移则是与政策系统的内生结构或主体高度相关[104]。

20 世纪 60 年代末，国内外公共政策研究者开始关注政策理念、内容、项目等要素在政府之间扩散的现象。迄今为止，政策扩散理论在理论体系、研究范式以及关键概念界定等方面已经得到了丰富和发展，研究图谱日益完善，成了研究公共政策变迁及其演进逻辑的重要理论之一。陈芳将政策扩散理论的发展演进脉络归纳为了 3 个阶段：第一阶段（1980 年以前）是"单因素理论解释期"；第二阶段（1980—2000 年）是"碎片化理论解释期"；第三阶段（2000 年以后）是"尝试整合理论的解释期"[105]。

　　在第一阶段中，许多学者开始尝试用扩散的概念去解释美国州政府的创新实践，这被普遍认为是政策扩散理论研究的开端。正因如此，在后世的研究中，"政策扩散"往往和"政策创新扩散"紧密相连。Walker 对于政策创新的内涵进行定义，认为"政策创新是指一个政府采纳一个对于它而言是'新'的项目，不论该项目以前是否在其他时间、其他地点被采用过[106]。"这一定义是从相对的角度对政策创新的内涵进行探讨，将焦点置于政策创新的接纳者。认为只要是接纳者（政府）之前从未采纳过的项目或政策，就属于政策创新的范畴，并不关注政策或项目本身是否具有原创性。这一概念也在一定程度上辨析了"政策创新"和"政策发明"这两个相近概念。Gary 的观点则与其相反，他将政策内容及其本身的创新程度视作影响政府采纳政策创新程度及速度的决定性因素。认为"州政府在某个政策领域是创新者并不意味着他在其他政策领域也是创新者，政策内容对州政府是否采纳某项政策创新及采纳的速度来说很重要[107]。"

　　这一阶段政策扩散理论的研究焦点主要聚焦于影响政策扩散的因素上。在早期的研究中，政策研究学者普遍认为沟通、区域、政治、经济、社会、文化等因素会塑造政策扩散的模式和特征。为此，在这一阶段产生了影响政策扩散的三大解释模型。首先是组织扩散模型，也被称为全国扩散模型。这一模型主要是从信息和沟通的角度对政策扩散进行阐释，认为诸如政府间关系联邦委员会、国家州预算官员协会等组织为政策扩散提供了专门的沟通网络，这些组织的目的有两个：一是提供信息；二是形成专业的联系网络[108]。其次是区域扩散模型，认为空间会对政策扩散产生重要的影响。当地方政府面临相似问题时，在政策的采纳上会参照同一地区的其他政府，且采纳新政策的可能性会随着邻近政府采纳新政策数量的增长而增加[109]。这一模型能够为解释政策在空间上的变迁提供有力的解释视角。最后是内部决定模型。该模型认为，影响政府采纳某一项政策的决策过程是完全独立的，并不受到相邻政府行为的影响。而当地的经济、政治和社会条件是决定政府是否采纳政策的决定性因素[110]。

在第二阶段中，政策扩散理论经历了快速发展时期，其概念体系、理论解释和研究范式等均得到了较大的发展。首先是对政策扩散客体的扩展与研究的进一步深化。清晰地界定政策扩散的因变量始终是政策扩散理论想要解决的重要问题。这一时期的研究在扩散客体上超越了原有一般政策内容的限制，逐渐延伸到对具体政策要素，尤其是政策工具的关注上，证明了政策化工具是政策扩散研究的重要因变量之一。Peter 和 Hall 基于政策工具视角区分了 3 种导致政策变化的类型，分别是政策工具的设计、政策工具的类型以及政策目标[111]。虽然这一划分的根本目的在于探究政策学习对政策扩散的影响，但其也为后续研究提供了一个扩散客体细分的思路。其次是将政策扩散的研究范围进一步扩大。在研究领域上表现为超越以往集中于立法和行政的局限，将政策扩散的理论延展至司法等其他领域之中。在研究地域上，政策实践中区域内政策的标准化发展趋势意味着跨国政策之间存在着诸多相似性[112]。因此，这一阶段政策扩散的研究也不再仅仅局限于单一国家，也表现在邻近国家、区域或具有其他任何沟通机制的一类国家之中。

在第三阶段中，研究者在以机制和动因为出发点对政策扩散理论进行研究的同时，也对于政策工具扩散和政策扩散的结果保持了持续的关注。在政策扩散的机制和发生原因方面。Mintrom 认为政策扩散包含从早期政策采纳者中学习、邻近城市之间的经济竞争、大城市之间的模仿以及州政府的强力推进四种机制[113]；Marsh 和 David 指出学习、竞争、强制和模仿是政策扩散的 4 种主要机制；Karch Andrew 则认为分析政策扩散现象的原因需要关注地理邻近、模仿、效仿、竞争等因素[114]。在政策工具方面，这一时期的研究呈现出两个新特点。第一是政策工具本身发生了变化，以规制这一工具为例，这一阶段既有对基础设施的私有化和自由化等放松规制扩散的研究，也有类似金融市场规制等重新规制的政策扩散。第二是政策工具的选择开始呈现出组合的趋势，在政策扩散的结果方面，政策趋同在这一阶段的迅猛发展也为政策扩散后续的研究奠定了一定的基础。例如 Bannett 归纳了政策趋同的五方面主要特征，分别是公共政策目标、政策内容、政策工具、政策结果和政策风格的趋同[115]。

在这一阶段，有诸多学者开始尝试政策扩散机制的整合研究。Wejnert 和 Barbara 提出了一个政策扩散各变量的概念框架。这一框架将政策扩散的变量归纳为 3 类：首先是创新本身的特征，包括政策采纳后的公私影响和成本收益；其次是创新者的特征，包括 6 组变量；最后是当代世界促进扩散现象的结构特征，包括地理环境、社会文化等[116]。Braun 和 Gilardi 则将政策扩散研究中的各种理论整合纳入期望效益模型（expected - utility model），能够较为直观地反映政策趋同的结果[117]。Heinze 则基于政策选择理性基础的扩散机制和基于决策者信仰变化和结构条件变化的逻辑将政策扩散机制划分为四种基本模式：效仿、社会化、学习和外部性。

2.3　分析框架

2.3.1　X 轴：时间维度

基于政策过程的时间维度是理解中国公共政策过程和国内治理的一个重要切入点[118]，在公共政策的制定和实施环节，时间因素均作为一个关键的变量被考虑其中。而其在时间上的变迁不仅仅是我国公共政策演进的一个基本特征[119]，会随着时间对政治和政策制定产生重塑作用，同时也是考察其变迁逻辑及规律的重要维度。

已有政策文本研究所构建的分析框架大多以时间维度为基本轴，从而进一步归纳政策其他内容在时间维度上的演进特征，并探究其背后的发展演变逻辑。如王宏新等就以时间为基本维度，分别从财政与金融机制等 7 个方面探究我国易地扶贫搬迁政策的演进规律[120]；刘忠艳等同样基于时间维度，对我国科技人才政策的发文主体、政策工具及政策要素自 1978 年至 2017 年的变迁规律进行研究[121]；潘懋元等则基于历史制度主义的分析框架，选取了关键历史节点将我国高等职业教育政策的发展划分为四个阶段，并对其变迁的深层结构、动力机制以及路径依赖进行分析[122]。

本书对成都市及其辖区（县）每年所颁布的人才引进政策数量进行统计，据此确定政策演进过程中的关键时间节点，并由此勾勒出成都市人才引进政策的主要演进阶段，以此探究其在时间维度上的演进特征。并以时间维度为基本限度，在此基础之上对空间维度、政策协作主体以及政策工具应用的演进进行交叉分析。

2.3.2　Y 轴：空间维度

政策科学对时间和空间都较为敏感，即它所选择的政策分析模型必须在时间和空间上加以明确地体现[123]。受政治制度及行政区划的影响，我国政策或制度的变迁在空间上主要体现为中央和地方政府以及地方政府之间在政策发布数量或政策制定及实施中关系的变化。对政府间关系及政策特性（冲突性、明晰性）进行研究能够拓宽政策分析的空间动态性，同时也有助于在政策执行策略和政策执行结果之间建立联系[124]。另一方面，政策扩散理论也为政策研究者理解公共政策在空间上的变迁规律提供了具有解释力的视角。政策扩散模式根据方向可以划分为垂直型扩散和水平型扩散[125]。由于我国公共政策的制定及实施具有较为鲜明的"自上而下"的特点，上级政府的高位势能推动是促进政策在地方扩散的重要原因，故后者是本书考察成都市人才引进政策在空间上变迁的主要内容。具体而言，本框架的空间维度将对成都市下辖的区（县）所发布的人才引进政策数量及分布状况进行统计性描述，并基于政策扩散的三种主要机制[126]进一步考察区（县）政府之间的政策学习、竞争以及模仿行为。

基于中央和地方政府以及地方政府之间的关系探讨公共政策的研究成果较为丰富。殷华方等基于中央—地方政府关系的角度对我国外资产业政策的执行力进行探究[127]；朱旭峰等基于我国地方政府间关系视角对1993—1999 年期间我国城市低保制度的扩散进行研究[128]；马亮等则从政府创新扩散视角出发，对我国省级政府电子政务政策进行实证研究[129]。

本书首先对成都市辖区所颁布人才引进政策的数量进行量化统计，归纳出政策在空间扩散的整体特征及演进规律，并依据政策扩散理论的相关内容，从政策学习、政策模仿以及政策竞争等方面对其动因进行分析。

2.3.3　Z轴：政策要素维度

系统论的观点认为公共政策是一个由若干既相互联系又相互区别的部分构成的动态整体，这些部分就被称为政策子系统或政策要素。荷兰经济学家丁伯根的著作《经济政策：原理与设计》对政策要素之间的协调进行了研究，主要探讨了政策目标、政策工具以及政策主体的协调。由此可见，常见的政策要素就主要由上述三部分构成。一方面，我国的政治体制和政策扩散机制决定了我国各省市地方政府及其各辖区所颁布的人才引进政策虽然在具体条例和实施方式上具有一定的地方特色，但整体政策目标均较为统一，可以归纳为"通过政策吸引人才以促进当地的经济社会发展"。另一方面，人才引进政策在我国地方政府之间的扩散会导致政策趋同的结果，尤其是地理位置邻近的省市或辖区，在政策目标、政策内容以及政策工具的选择上也存在着显著的邻近效应。基于此，本研究所构建的成都市人才引进政策分析框架，并未将"政策目标"纳入政策要素维度中，而是通过政策焦点的变化从微观行动的层面反映政策的整体变迁趋势。

政策工具是政策要素中的重要组成部分，在政策执行的过程中，选择何种政策工具并对其进行组合，以及用何种标准对政策工具的效力进行评价对于政策的有效执行以及政策目标的顺利实现起到决定性的作用；政策主体指的是参与到政策制定、实施、评估等各个环节中的个人或组织。本研究中的政策主体指的是人才引进政策的发文和参与部门，主要对其协作关系的变迁规律及其背后的原因进行探究，以此反映成都市人才引进政策协同程度的发展过程。

将政策焦点、政策工具以及政策主体相结合构建政策文本分析的已有研究成果数量较多，在我国学界已逐渐成为政策内容分析方法的典型研究范式。汪涛等基于内容分析法，选取了政策层级、政策工具以及政策主体，构建了我国科技创新政策协同研究的三维分析框架[130]；肖潇等从政策制定的部门协同、政策工具的应用与评估两个维度对我国国家自主创新示范区大学生创业政策进行整体性评价[131]；苏敬勤等运用共词分析法提炼出了大连市技术创新政策的焦点，并运用社会网络分析法对其发文部门之间的协作关系进行可视化处理，最终将两个维度相结合，横向对比了国家和地方科技创新政策的构成[132]；吕晓等则融合了政策焦点、政策发布时间及数量等构建了我国集体建设用地流转政策的内容分析框架，并对其演进趋势进行分析[133]。

本书选取政策要素作为分析维度，首先，在时间维度的基础之上，对政策发文主体协作网络的演进关系进行分析；其次，在确定政策工具分类的基础之上对成都市人才引进政策工具的应用进行量化统计并分析其演进特征；最后，应用扎根理论确定政策焦点，并对其演进特征进行归纳。

综上所述，历史制度主义是研究制度（政策）变迁的一种强有力的理论分析工具[134]。经典历史制度主义分析框架能够为政策研究者提供一个融合宏观、中观和微观三重视角的分析工具。具体而言，该分析框架以时间维度呈现中观的政策变迁过程，主要体现为关键时间节点，同时以宏观的制度背景和微观的行动关系为抓手分析制度或政策变迁的深层次原因[135]。基于此，本书所构建的三维分析框架实际上是对历史制度主义分析框架的修正和调试。X 轴运用时间序列分析方法，通过对其关键节点分析成都市人才引进政策在时间维度上的中观制度呈现。Y 轴空间维度基于政策扩散理论，对成都市下辖的各区、县所颁布人才政策的数量和分布进行量化分析，并从政策模仿、政策竞争以及政策学习等维度探寻其空间变迁的深层逻辑，其与 X 轴又同构了政策所处的宏观时空制度背景，勾勒了政策演进的宏观结构逻辑。Z 轴基于政策内容分析，对政策主体之间的协作关系、政策工具以及政策焦点等政策要素的变迁规律进行梳理，继而从微观行动逻辑出发，为分析成都市人才引进政策的变迁规律提供具有解释力的工具（图 2-1）。

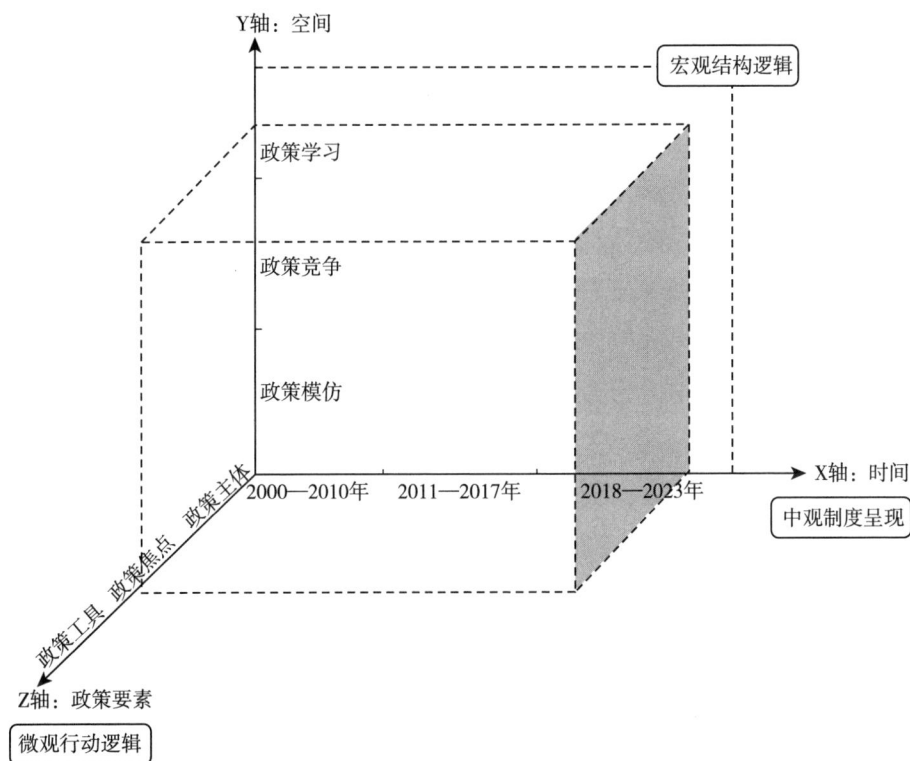

图 2-1　成都市人才引进政策三维分析框架

第3章 成都市人才发展现状及人才引进政策内容概述

3.1 成都市人才发展现状

3.1.1 成都市人才规模

（1）成都市人才总量及增长率

自 2003 年开始，成都市人才总量总体上呈现出不断上升的趋势。2003 年，成都市人才总量首次突破 100 万人；2010 年，人才总量突破 200 万人；2013 年，突破 300 万人；2016 年，突破 400 万人；2018 年，突破 500 万人[①]。截至 2023 年，成都市人才总量达到 622.3 万人，人才总量居全国城市第 4 位，获评"中国最佳引才城市""外籍人才眼中最具吸引力的中国城市"。

在人才数量的增幅方面，2011 年以前，成都市人才数量的增幅呈现出较为剧烈的波动趋势；自 2003 年起，每年的增幅比重为 57.38％、7.37％、30.26％、7.47％、9.89％和 20.18％。其中 2009 年首次出现人才数量的负增长，较前一年减少 7.93 万人。2011 年至 2018 年，成都市人才数量的增长幅度呈现出平稳增长的趋势，每年的增幅基本稳定在10％左右，每年的增长率分别为 10.16％、10.72％、11.78％、10.41％、10.14％、8.55％、12.82％和 10.96％。2019 年后，成都市人才数量进入

---

① 数据来源：《2003—2023 年成都市人才资源状况报告》。

到平稳增长阶段，每年的增长幅度均在 6％以下，截至 2023 年，每年的增长率分别为 5.53％、3.11％、5.62％、4.87％和 0.99％[①]（图 3-1）。

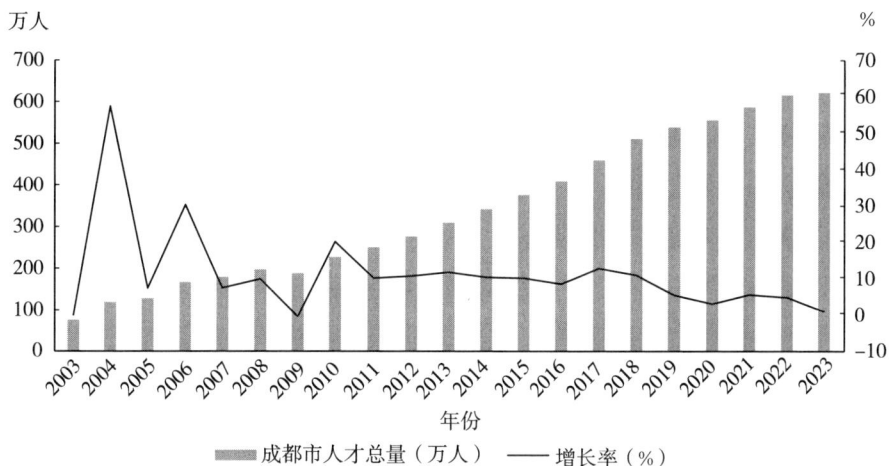

图 3-1　2003—2023 年成都市人才总量及增长率

（2）成都市人才分类状况

成都市对人才分类的标准历经多次变迁，主要反映了城市发展的现实需求。当前成都市官方发布的政策文件虽然对人才的分类更为细致，但仍然可以归为以下几大类：党政人才、企业经营管理人才、专业技术人才、技能人才、农村实用人才和社会工作人才。根据《2016 年成都市人才资源报告》显示，截至 2016 年底，成都市共有党政人才 7.34 万人，占人才总量的 1.80％；企业经营管理人才 26.80 万人，占人才总量的 6.56％；专业技术人才 164.50 万人，占人才总量的 40.28％；技能人才 168.30 万人，占人才总量的 41.20％；农村实用人才 40.26 万人，占人才总量的 9.86％；社会工作人才 1.23 万人，占人才总量的 0.30％。与之相比，2020 年成都市共有党政人才 16.56 万人，占人才总量的 2.69％，上涨 0.89％；企业经营管理人才 60.15 万人，占人才总量的 9.76％，上涨

[①]　数据来源：《2003—2023 年成都市人才资源状况报告》。

3.2%；专业技术人才280.21万人，占人才总量的45.48%，上涨5.3%；技能人才220.02万人，占人才总量的35.71%，下降了4.57%；农村实用人才34.01万人，占人才总量的5.52%，下降了3.64%；社会工作人才5.23万人，占人才总量的0.84%，上涨0.54%。

由此可知，成都市各类人才数量在人才总量中所占的比例整体呈现出以技能人才和专业技术人才为主体的特点。相较于2016年，当前成都市技能人才、农村专业人才的比重有所下降，企业经营管理人才、专业技术人才的比例又有大幅度的提升。

（3）成都市人才密度

人才密度是指人才资源与人口相比所占的比重，这里的人口多指该地区的常住人口，是衡量一个区域人才资源整体状况和集聚状况的重要指标。由图3-2可知，成都市常住人口数量和人才密度呈现出逐年增长的同步趋势。2003年，成都市1 173.4万人的常住人口中有75.7万名人才，人才密度仅为6%。随着人才工作日益得到重视以及常住人口数量的不断攀升，成都市人才密度也随之增大。2015年，成都市常住人口首次突破1 500万人，其人才密度也随之突破20%，达到了22.33%；2019年，成都市常住人口达到2 000万人，与之相对应的人才密度也突破了25%；截至2023年6月，成都市人才密度已经达到了29.72%①。

虽然成都市人才密度呈现出逐年上升的良好态势，但与我国一线城市相比仍然存在着较大的差距。以2020年为例，成都市的人才密度为26.56%，与之相比，北京市人才密度为62.00%②；上海市人才密度为54.93%③；深圳市人才密度为46.06%④；广州市人才密度为44.39%⑤。

---

① 数据来源：根据《成都市统计年鉴》（2003—2023）测算得出。
② 数据来源：北京市统计局。
③ 数据来源：上海市统计局。
④ 数据来源：深圳市统计局。
⑤ 数据来源：广州市统计局。

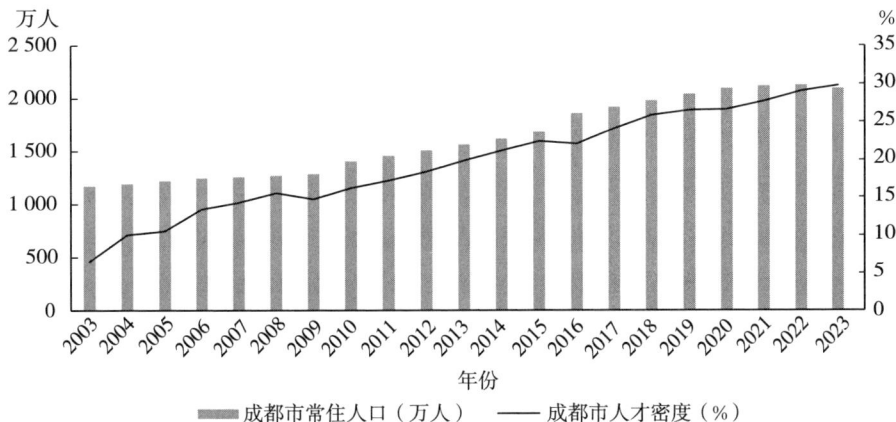

图 3-2 2003—2023 年成都市常住人口总量及人才密度

(4) 成都市人才的经济增长贡献率

人才对推动区域内经济增长具有重要作用，所谓人才对经济增长的贡献率是指被认定为人才的个体、创新型企业或产业的年度产值占当地生产总值的比例，是测量人才对当地经济增长带动作用和贡献的重要指标。由表 3-1 可以发现，2017 年至 2022 年，成都市人才产值的总量是在不断提升的，但是其对经济增长的贡献率却在逐年下降，其经济增长贡献率分别为 47.12％、46.71％、46.66％、45.93％[①]。与此同时，北京市 2021 年的人才贡献率约为 55％，比成都市高了近 10 个百分点。由此可见，当前成都市人才产值的增长速度难以匹配生产总值的增长态势，人才在成都市经济增长中的贡献和助推潜力还有待进一步激发，与诸如北京等一线城市的差距依然较为明显。

表 3-1 2018—2022 年成都市人才经济增长贡献率

年份	生产总值（亿元）	人才产值（亿元）	人才产值占比（％）
2018	15 700	7 397.84	47.12

---

① 数据来源：成都市人才服务中心提供。

（续）

年份	生产总值（亿元）	人才产值（亿元）	人才产值占比（％）
2020	17 000	7 940.70	46.71
2021	19 900	9 285.34	46.66
2022	20 800	9 553.44	45.93

3.1.2　成都市人才结构

（1）成都市人才学历及职称状况

2022 年成都市人才队伍中，硕士及以上学历的共有 30.793 万人，占人才总数的 4.690％；本科学历的人数为 245.452 万人，占人才总数的 37.384％；大专学历的共 331.653 万人，占人才总数的 50.513％；中专及以下学历共 48.677 万人，占人才总数的 7.413％[①]（表 3 - 2）。

具体而言，硕士及以上学历的人才主要集中于专业技术人才、党政人才和企业经营管理人才，占比分别为 37.476％、23.950％和 26.340％；本科学历是成都市人才队伍中最为主要的构成，在各类人才中的占比分别为 8.588％、12.277％、55.767％、8.649％、4.326％以及 10.393％；大专学历在技能人才中的占比最高，达到 49.841％，与此同时，在技能人才、农村实用人才以及社会工作人才中的占比也均超过 40％；中专及以下学历在成都市人才队伍学历分布中占比较小，主要集中在农村实用人才这一类别中，占比为 62.925％。

表 3 - 2　2022 年成都市人才学历分布

类别	硕士及以上		本科		大专		中专及以下	
	人数（万人）	比例（％）	人数（万人）	比例（％）	人数（万人）	比例（％）	人数（万人）	比例（％）
党政人才	7.375	23.950	21.080	8.588	4.650	1.402	0.895	1.839

---

① 　数据来源：根据《2023 年成都市人才资源状况报告》测算得出。

（续）

类别	硕士及以上		本科		大专		中专及以下	
	人数（万人）	比例（%）	人数（万人）	比例（%）	人数（万人）	比例（%）	人数（万人）	比例（%）
企业经营管理人才	8.111	26.340	30.134	12.277	1.903	0.574	0.246	0.505
专业技术人才	11.540	37.476	136.88	55.767	124.750	37.615	7.03	14.442
技能人才	2.880	9.353	21.230	8.649	165.300	49.841	30.63	62.925
农村实用人才	0.350	1.137	10.618	4.326	14.340	4.324	8.692	17.856
社会工作人才	0.537	1.744	25.51	10.393	20.71	6.244	1.184	2.433
合计	30.793	4.690	245.452	37.384	331.653	50.513	48.677	7.413

在职称结构方面，2022 年，成都市专业技术人才中共有高级职称 24.07 万人，占比 8.59%；中级职称 163.75 万人，占比 58.44%；初级职称 32.33 万人，占比 32.97%[①]。从成都市人才的学历和职称结构可以发现，当前成都市人才队伍仍然存在着整体学历不高，高端专业技术人才缺乏等现实问题（表 3-3）。

表 3-3　2022 年成都市专业技术人才职称结构

类职称	人数（万人）	比重（%）
高级	24.07	8.59
中级	163.75	58.44
初级	32.22	32.97

（2）成都市人才年龄结构状况

当前，成都市人才队伍中，45 岁及以下的青壮年是其最为主要的构成，占总数的 84.58%，46~54 岁的人才占比 14.16%，55 岁及以上的人才占比为 1.26%。具体而言，企业经营管理人才队伍的年轻化特征最为明显，35 岁及以下的人才占比 69.20%，这一年龄段的人才也正逐渐成为

———————

① 数据来源：《2023 年成都市人才资源状况报告》。

成都市各类人才中最为主要的构成部分，在党政人才中占比 27.93％、在专业技术人才中占比 57.83％、在技能人才中占比 53.47％、在农村实用人才中占比 18％、在社会工作人才中占比 47.40％；36～45 岁的人才在成都市各类人才队伍的分布较为平均，分别为 30.17％、25.50％、27.23％、22.36％、46％和 41％，是成都市人才队伍中另一重要构成部分；党政人才队伍中 46～54 岁的人才占比最高，比例为 35.87％，在技能人才和农村实用人才队伍中也占有一定的比例，分别达到 20.96％和 27％；而 55 岁及以上的人才在成都市人才队伍中的占比较少，仅占总数的 1.26％，主要是农村实用人才，占其总数的 9％[1]（表 3-4）。

表 3-4　2023 年成都市人才年龄结构

类别	35 岁及以下		36～45 岁		46～54 岁		55 岁及以上	
	人数（万人）	比例（％）	人数（万人）	比例（％）	人数（万人）	比例（％）	人数（万人）	比例（％）
党政人才	9.500	27.93	10.258	30.17	12.196	35.87	2.046	6.03
企业经营管理人才	27.957	69.20	10.302	25.50	2.101	5.20	0.04	0.100
专业技术人才	162.040	57.83	76.298	27.23	22.416	8.00	19.446	6.94
技能人才	117.655	53.47	49.201	22.36	46.120	20.96	7.064	3.21
农村实用人才	6.12	18.00	15.64	46.00	9.18	27.00	3.06	9.00
社会工作人才	22.724	47.40	19.655	41.00	4.602	9.60	0.959	2.00
合计	345.996	56.15	181.354	28.43	96.611	14.16	32.615	1.26

（3）成都市人才产业分布状况

当前成都市人才在三大产业中的分布整体呈现出以第三产业为主的特征。从 2017 年开始，成都市第三产业中人才的比重呈现出逐年上升趋势，比重分别为 65.25％、62.27％、64％、65.17％、65.31％以及 65.30％。与此同时，成都市人才在第二产业中的占比呈现出并不显著的逐年递减趋

---

① 数据来源：《2023 年成都市人才资源状况报告》（《成都人才蓝皮书》）和《成都市第七次全国人口普查公报》。

势，从 2018 年的 37.39％下降至 2023 年的 34.01％。第一产业中人才的占比始终较少，但呈现出逐年上升的趋势，从 2018 年的 0.36％升至 2023 年的 0.69％[①]。

成都市人才在三大产业中的分布状况也与成都市整体产业结构的调整保持一致。2018 年，成都市三大产业生产总值的比重为 3.8：41.7：54.5[②]，2022 年，成都市三大产业的比重则为 2.8：30.8：66.4[③]，第一、二产业的比重持续减少，第三产业的比重则呈现出上升趋势。

成都市人才在具体产业的分布上则主要集中于大数据产业、新型材料、新能源汽车、轨道交通等为代表的重点产业链之中，其数量占据人才总数的 74.12％。此外，在诸如大运会、乡村振兴、社会治理、自贸区建设、总部经济等重点领域中的人才占比为 3.03％[④]。在教育、卫生、文化、体育四大重点行业中，人才在卫生行业的集聚现象较为明显，2023 年成都市卫生行业中共有 19.52 万人才（图 3－3）[⑤]。

3.1.3　成都市人才供需状况

(1) 成都市人才供需总体概况

求人倍率是劳动力市场在一个统计周期内有效需求人数与有效求职人数之比，当求人倍率大于 1 时，说明职位供过于求；如果求人倍率小于 1 时，说明职位供不应求。这一指标既是反映劳动力市场供求状况的重要指标，也是反映整个经济景气情况的重要指标。由图 3－4 可以看出，自 2019 年起，除 2020 年第二季度外，成都市每个季度的求人倍率几乎都稳定在 2.0 以上，在 2021 年第三季度和 2022 年第四季度均超过了 2.5[⑥]。

---

① 数据来源：《2023 年成都市人才资源状况报告》。
② 数据来源：《2018 年成都市国民经济和社会发展统计公报》。
③ 数据来源：《2023 年成都市国民经济和社会发展统计公报》。
④ 数据来源：《2023 年成都市人才资源状况报告》（《成都人才蓝皮书》）。
⑤ 数据来源：《成都市人才指引开发（2022）》。
⑥ 数据来源：《成都市公共人力资源市场职业供求状况分析报告》(2019—2022)。

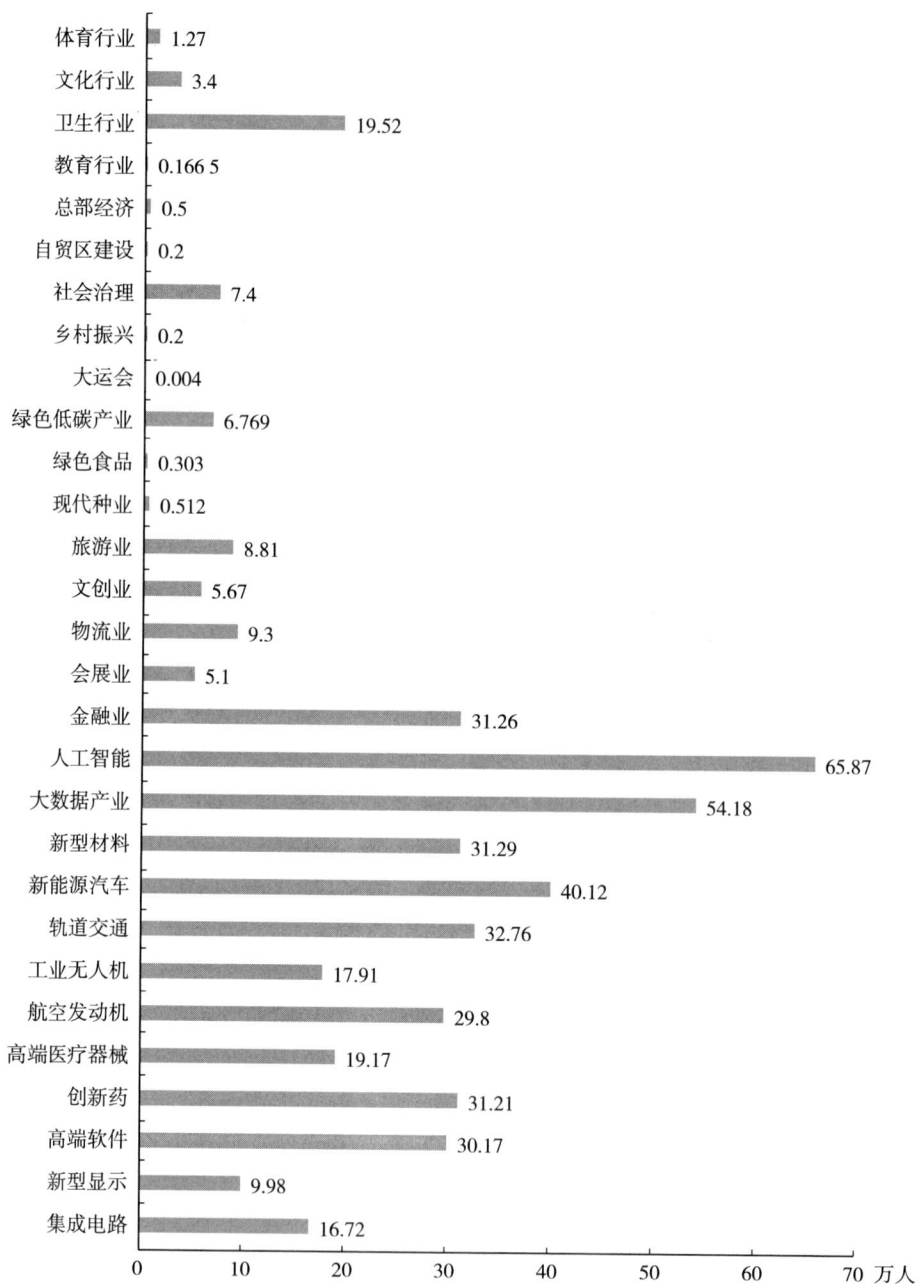

图 3-3 2023 年成都市人才行业分布状况

这一方面表明，成都市整体经济活力得以进一步释放，劳动力市场较为活跃；另一方面，较高的求人倍率在近期整体呈现出稳中有升的特征，较高的求人倍率表明成都市劳动力市场依然处于供不应求的局面，劳动力竞争较为激烈，职位数量的供给难以匹配劳动力旺盛的需求，供求关系亟须进一步改善。

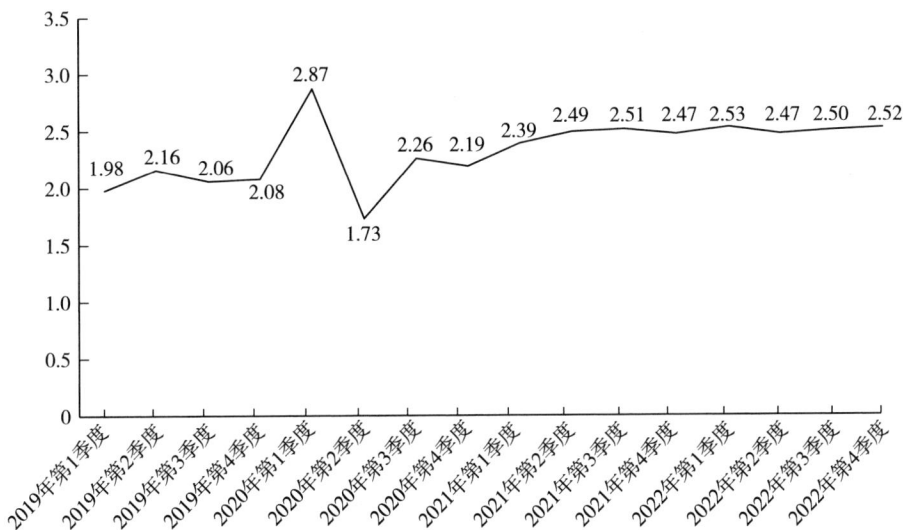

图 3 - 4　2019—2022 年成都市求人倍率变化趋势

(2) 成都市人才供给状况

从人才求职人数来看（图 3 - 5），成都市近 5 年人才求职人数整体上呈现出下降的趋势，从 2019 年的 113.8 万人降至 2023 年的 77.1 万人[①]。这一方面反映出成都市人才市场的需求关系得以进一步优化，供需关系更为平衡；另一方面也从需求侧反映出成都市在提升人才界定标准的同时，在人才需求方面也呈现出了精细化的特点。

从求职人才的学历层次看。成都市求职人才的学历层次呈现出高学历人才比例持续上升的趋势。其中，硕士及以上的求职人才的比例从 2020

---

① 数据来源：《成都市人力资源和社会保障事业发展统计公报》（2019—2023）。

万人

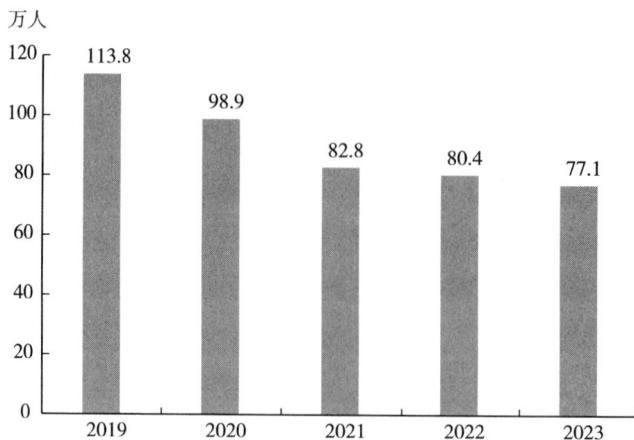

图 3-5　2019—2022 年成都市人才求职人数变化趋势

年的 8.8％上升至 13.3％；本科人才求职的人数比例从 56.1％上升至 66.3％；大专、中专及以下的求职人才数量持续减少①。

从人才求职的专业类别来看（表 3-5），2023 年机械、建筑装饰以及电子信息类是成都市人才求职市场最为集中的三个专业领域，分别占比 12.5％、9.3％和 8.8％。相较于前一年，前两者分别下降了 1.2 和 3.3 个百分点，后者则上升了 3％。此外，管理类和财会类人才的求职比例有着较为明显的下降趋势，分别下降 4.0 和 3.3 个百分点②。

表 3-5　2023 年成都市人才前十大求职专业类别

排序	专业类别	所占比重（％）	同比百分比变化*（％）
1	机械类	12.5	↓1.2
2	建筑装饰类	9.3	↓3.3
3	电子信息类	8.8	↑3.0
4	计算机类	8.4	↑1.9
5	管理类	7.2	↓4.0

① 数据来源：《成都市人力资源和社会保障事业发展统计公报》（2020—2023）。
② 数据来源：《2023 年成都市公共人力资源市场职业供求状况分析报告》。

（续）

排序	专业类别	所占比重（%）	同比百分比变化*（%）
6	电气类	6.8	↑2.2
7	房地产类	6.0	↑3.0
8	财会类	4.5	↓3.3
9	材料类	3.8	↑2.2
10	经贸类	3.1	↑0.8

注：*同比百分比变化根据上一年数据计算得出。

（3）成都市人才需求状况

从招聘人才的总数来看（图 3-6），成都市人才的需求状况在近 5 年呈现出逐渐递减的总体趋势。2019 年，成都市共有 282 家用人单位发布了 104.9 万个人才岗位招聘信息；2020 年，有 270 家用人单位发布了 98.1 万个人才岗位招聘信息；2021 年，有 269 家用人单位发布了 99.5 万个人才岗位招聘信息；2022 年，有 230 家用人单位发布了 90.5 万个人才岗位招聘信息；2023 年，有 222 家用人单位发布了 84.8 万个人才岗位招聘信息[①]。

从各产业人才需求岗位情况看，成都市第一、二产业对于人才的需求呈现出逐年递减的趋势。第一产业对人才需求的比重从 2018 年的 15% 下降至 2021 年的 13.7%，第二产业对人才的需求从 2018 年的 32.3% 下降至 2023 年的 28.11%。相较而言，成都市第三产业对于人才的需求始终较高且呈现出逐渐递增的趋势，在 4 年的时间内上涨了近 4 个百分点[②]。

从各行业对于人才需求岗位数看（表 3-6），2022 年，IT、互联网、通信行业对于人才的需求最为旺盛，占据成都市人才需求总量的 23.3%，同比上涨 0.9 个百分点。此外，咨询、教育、培训中介以及服务业等行业对于人才的需求呈现出显著的上涨趋势，同比上涨 8.6 和 11 个百分点。

---

① 数据来源：《2023 年成都市公共人力资源市场职业供求状况分析报告》。
② 数据来源：《成都市人力资源和社会保障事业发展统计公报》（2018—2021）。

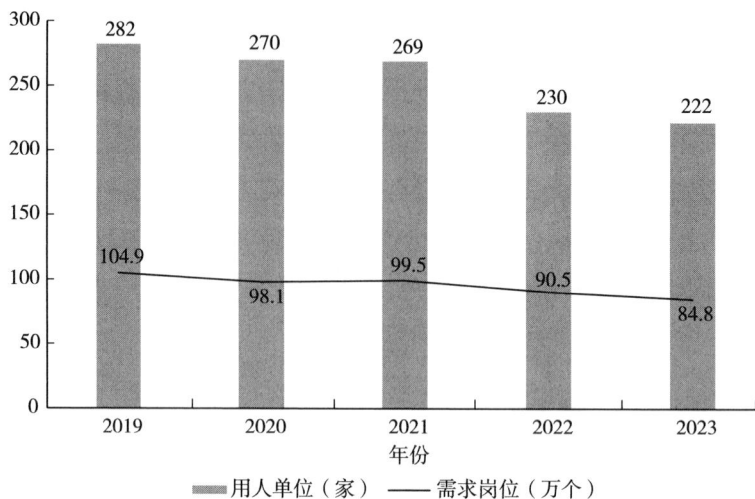

图 3-6　2019—2023 年成都市人才市场招聘单位数和发布岗位数

卫生、医药、医疗行业对于人才的需求量呈现出大幅下降的趋势，同比下降 8.6%[①]。

表 3-6　2023 年成都市各行业人才需求岗位情况

排序	专业类别	所占比重（%）	同比百分比变化*（%）
1	IT、互联网、通信	23.3	↑0.9
2	咨询、教育、培训中介	20.4	↑8.6
3	服务业	13.8	↑11.0
4	房地产、建筑、装饰、物业	10.9	↓3.0
5	金融、银行、保险	7.6	↓0.4
6	消费品、零售、贸易、交通、物流	7.0	↓4.4
7	生产、加工、制造	6.8	↓3.5
8	多元化业务集体	3.7	↑0.4
9	卫生、医药、医疗	2.6	↓8.6
10	能源、矿产、石油、化工	1.5	↓0.5

① 数据来源：《2023 年成都市公共人力资源市场职业供求状况分析报告》。

（续）

排序	专业类别	所占比重（%）	同比百分比变化*（%）
11	农、林、牧、渔	0.9	↑0.4
12	广告、传媒、印刷、出版	0.7	↓0.9
13	政府、非营利机构	0.4	—
14	文化、传媒、娱乐	0.4	↓0.2

注：*同比百分比变化根据上一年数据计算得出。

3.2　成都市人才引进政策内容概述

3.2.1　人才引进的类型及标准

成都市人才引进的类型主要包括如下几类：

第一是国外智力和留学归国人员。《关于加强全市引进国外智力和留学回国人员工作的实施意见》《成都市引进国外智力和留学人员来蓉工作"十二五"规划》以及《关于进一步完善吸引留学人员来蓉创业服务政策的实施意见》等政策中都设立了专门的项目、经费及相关保障性政策促进国外智力和留学人员在蓉创新创业。所引进的海外人才具体包括持有国外专家证的外国专家、留学人员以及留学人员创办的企业。

第二是企业急需紧缺的高层次人才。2007 年出台《成都市鼓励企业引进急需高层次人才暂行办法》首次明确了企业急需高层次人才的认定标准：一是 2007 年 3 月 22 日后从成都市行政区域外的单位引进的高层次人才和从高校接收的应届博士研究生；二是与企业签订 3 年（含 3 年）以上劳动合同，并经县以上劳动保障部门鉴证；三是具有博士学位，其中在国（境）外取得博士学位必须是国家承认学位，并经中国留学服务中心认证；或具有市职改办认定的正高级职称。经市知识产权局认定具有独立知识产权，或经市协调办公室认定具有特殊专长的急需紧缺人才可适当放宽职称和学历限制。与此同时，成都市人力资源和社会保障局也会根据当地人才的供需状况及企业发展需求编制《优惠政策适用产业目录》，重点引进包括电子信息、汽车、轨道交通等产业急需人才。2022 年成都市人力资源保障局和财政局联合发布《关于印发成都市引进培育急需紧缺专业技术人才奖励补贴实施办法的通知》在原有"人才目录"的基础之上，将企业重点引进的人才类型分为 4 大类，分别包括：Ⅰ类为国内外顶尖人才；Ⅱ类为国家级领军人才；Ⅲ类为地方级领军人才；Ⅳ类为其他高级人才。

　　第三是高层次创新创业人才。2011 年出台的《成都市引进高层次创新创业人才的实施办法》明确了高层次创新人才和高层次创业人才的认定标准。符合引进条件的高层次创新人才应具备博士学位，年龄不超过 55 周岁，引进后每年在蓉工作时间不少于 9 个月，并符合以下条件之一：①在国内外著名高校、科研院所担任教授、研究员、首席科学技术或相当职务的专家学者，掌握关键技术，急需紧缺的可适当放宽为副教授或相当职务；②在国际知名企业、金融机构、国际组织中担任中高级职务，熟悉相关产业发展和国际规则的专业技术人才和经营管理人才；③在海外承担过与国家科技重大专项相关的重要任务，具有较强的产品开发能力和产业化潜力的领军人才；④能够解决关键技术和工艺操作性难题，或自主创新产品具有国际水平的企业领军人才。符合引进条件的高层次创业人才应具有海外学位或国内硕士以上学位，年龄不超过 55 周岁，引进后每年在蓉工作不少于 6 个月，并同时具备以下条件之一：①拥有自主知识产权和发明专利，且其技术成果国际先进，能够填补国内空白，具有市场潜力并处于中试或产业化阶段；②有自主创业经验，曾在知名国际企业担任中高管或国内知名企业担任高管职位 3 年以上，熟悉相关领域和国际规则的经营管理人才；③自有资金（含技术入股）或跟进的风险投资占创业投资的50% 以上；④主要创办人（股权一般不低于 30%）带项目、资金、技术来蓉创业，其产品处于国内领先、国际一流。

　　第四是专业技能人才和急需紧缺技能人才。2023 年成都市委办公厅、市政府办公厅联合发布《关于印发〈成都市创建吸引和集聚人才平台激发人才创新创造活力的若干措施〉的通知》对于成都市重点引进的专业技术人才和急需紧缺技能人才的标准做出如下规定：专业技能人才是指"在生产和服务岗位一线，掌握专门知识和技术，具备一定操作技能，在工作实践中能够运用自己的技术和能力进行实际操作，并取得初级工、中级工、高级工、技师和高级技师等国家职业资格证书或职业技能等级证书，以及其他具备相应职业技能水平的人员。"而急需紧缺技能人才是指"符合《成都市急需紧缺高端技能人才目录》条件之一，或符合引进当年《成都市人才开发指引（人才白皮书）》中相关区域人才紧缺指数 3 星岗位要求的技能人才，以及其他经认定的急需紧缺技能人才。"

　　第五是其他人才。除上述人才类型之外，成都市也出台了相关政策对于其他领域中需引进的人才标准进行了明确。《成都市 2023 年人才开发指引》中编制的重点人才招引目录中对"基础人才"和"民间优才"两类进行了明确。前者是指"普通高校毕业生；取得高级职业资格证书的高级技工学校和技师学院毕业生"，后者是指"有特点、有专长、有影响，其创造性成果得到社会认可，并作出较大贡献的民间人才"。此外，成都市也根据城市发展的现实需求编制了重点领域以及重点行业人才需求目录，并对其专业要求、资历要求、能力要求以及人才紧缺指数均作出了明确的规定（表 3-7）。

表 3-7　2023 年成都市重点行业及领域人才需求目录（部分）

成都市重点领域人才需求目录（示例）				
岗位名称	专业要求	资历要求	能力要求	人才紧缺指数
大运会	国际裁判	体育管理、体育教育、运动训练相关专业	硕士研究生及以上学历，5 年以上相关工作经历	熟悉赛事规则，熟悉裁判法，有丰富的赛事裁判工作经验；持有国际认可职能证件，能够在国际体育运动竞赛中担任裁判；身体健康，能够胜任裁判工作	★★★

（续）

	岗位名称	专业要求	资历要求	能力要求	人才紧缺指数
乡村振兴	农业资源与环境（土壤学）研究员	土壤学、生态学相关专业	硕士研究生及以上学历，5年以上相关工作经历	熟悉生态工程修复、土壤污染治理、土壤改良与重构及土壤增汇等领域，能依据行业和地区特点进行规划固碳与生态环境修复发展、规划等；具备较强的中、英文阅读、写作和沟通交流能力	★★★
社会治理	智慧交通运维工程师	电子信息、计算机相关专业	硕士研究生及以上学历，3年以上相关工作经历	具备优秀的计算机软、硬件知识，能够快速判断软、硬件故障；能够负责桌面终端 PC 机、网络路由交换、网络视频会议、服务器硬件的日常巡检、运行维护与管理；熟悉日常桌面电脑软件维护	★★★
自贸区建设	智慧园区解决方案经理	金融、经济管理相关专业	硕士研究生及以上学历，3年以上相关工作经历	对智慧园区行业知识、业务知识、业务架构、应用架构有整体深刻理解，能够在细分专业领域独立完成客户调研、需求分析、业务设计、方案架构，并出具解决方案；具备良好的售前 PPT 制作及方案宣讲能力；具备较强的分析、解决问题能力，熟悉招投标流程	★★
总部经济	资产管理总经理	法律、金融经济相关专业	本科及以上学历，10年以上相关工作经历	具有三方委托公司催收管理经验，能够搭建贷后管理及信用管理系统，熟悉催收业务流程；熟悉委外购买本公司的业务流程及金融机构的合作模式；具有敏锐的风险识别能力，较强的风险防范与处理能力	★★

成都市重点领域人才需求目录（示例）

（续）

成都市重点行业人才需求目录（示例）

	岗位名称	专业要求	资历要求	能力要求	人才紧缺指数
教育行业	中小学心理健康教师	心理教育相关专业	硕士研究生及以上学历，2年以上相关工作经历	小学教师拥有小学段及以上的心理健康教师资格证；初中教师拥有初中段及以上的心理健康教师资格证，二级以上心理咨询证；普通话等级证书达到二级甲等以上	★★★
卫生行业	儿科医师	临床医学、儿科相关专业	硕士研究生及以上学历，10年以上相关工作经历	具备副高级以上职称（医学类）；有不少于3年三级乙等以上综合医院新生儿科工作经验，具备不少于10年二级甲等综合医院工作经验	★★★
文化行业	文物保护和修复专员	文物与博物学、博物馆管理相关专业	硕士研究生及以上学历，5年以上相关工作经历	熟悉各种环境要素对文物造成损坏的机理，并能够制定针对性保护方案，利用相应手段进行保护处理；熟悉文物保护的工艺，能够对文物进行修复；具备博物馆管理能力	★★
体育行业	网球教练	运动训练、网球相关专业	本科及以上学历，5年以上相关工作经历	具备网球专业高级教练及以上职称；具备5年以上专业队教练任职经历	★

　　综上所述，成都市人才引进的类型较为多元，既涵盖了传统类型的各类人才，也根据城市发展需求对人才引进的类型进行动态调整，规定了各发展时期中重点产业及行业所需引进的人才类型。在引进人才的标准上，成都市通过出台政策的方式对各类人才在学历、职称、年龄、资历等引进条件进行了较为明确的量化规定。但对部分类型人才认定标准依然以定性描述为准，缺乏明确的量化指标，存在着认定标准过于模糊以及忽略道德修养等不足之处。

3.2.2 人才引进的资金支持

成都市向国外智力和留学归国人员所提供的资金支持主要包括回国服务及日常资助、项目资助以及创业资助三方面内容。《成都市市级高层次留学人才短期回国服务资助办法》明确指出会对国外智力和留学人才回国来蓉开展短期服务的国际旅费及食宿、交通等费用进行资助。与此同时，也会对符合条件的海外人才提供每人每月 2 000 元，5 年内给予总计 12 万元的人才奖励。2007 年成都市颁布的《关于进一步完善吸引留学人员来蓉创业服务政策的实施意见》指出，取得硕士以上学位或中级以上职称的留学人员可申请"留学人员科技活动项目择优资助经费"，重点项目 10 万～20 万元、优秀项目 5 万～10 万元、启动项目 2 万～5 万元。此外，符合条件的留学人员也可以申请创业资助资金，一等资助 20 万元、二等资助 10 万元、三等资助 5 万元。

对于企业急需紧缺高层次人才的资金支持主要包括安家补贴、财政奖励、企业引才补贴以及专业技术职称提升奖励。在安家补贴方面，根据相关政策规定，对企业引进的符合《成都市企业引进急需紧缺专业技术人才补贴目录》Ⅰ、Ⅱ、Ⅲ类条件之一的人才，从引进次月起 3 年内，给予每人每月 3 000 元的引进人才安家补贴；符合Ⅳ类条件之一的人才或者《成都市人才开发指引（人才白皮书）》中紧缺度超过 3 星岗位要求的人才从引进的次月起 3 年内，给予每人每月 2 000 元的引进人才安家补贴。在财政补贴方面，符合引进标准的人才在前 3 年本人年度上缴个人所得税市和区（市）县级收入部分全额给予奖励；后 3 年按本人年度上缴个人所得税市和区（市）县级收入部分的 70% 给予奖励。优惠期满以后的奖励政策视具体情况而定。在企业引才补贴方面，成都市政府对成功引进《成都市企业引进急需紧缺专业技术人才补贴目录》或《成都市人才开发指引（人才白皮书）》中紧缺度 3 星岗位要求的人才，按其支付给猎头公司等人力资源服务机构服务费的 50% 给予补贴，同一年度最高不超过 10 万元。在专业技术职称提升奖励方面，重点企业新培育并取得工程系列、自然科学系列副高级、正高级职称的专业技术人才，并被所在企业聘任相应专业技术职务的，分别按每人 3 000 元、每人 6 000 元的标准给予奖励。

对于高层次创新创业人才的资金支持主要包括一次性补助和发展扶持资助两方面的内容。对于符合人才引进标准并经过规定程序被批准纳入的高层次创新创业人才，每人一次性给予 100 万元补助。此外，对于承担对成都市经济科技发展具有重要战略意义重点项目的人才可给予不低于 100 万元的科研经费资助；符合成都市"种子资金"资助条件的人才和项目可获得种子资金最高 300 万元的股权直接投资或最高 200 万元的股权联合投资以及最高 300 万元的融资担保；入选人才创业企业参加科技保险的，可按其实际保费支出最高 50％给予补贴，单个企业每年补贴额度最高可达 20 万元。

对专业技能人才和急需紧缺技能人才的资金支持主要包括安家补贴、培训补贴、企业评价补贴以及职业竞赛奖励。首先，成都市重点产业链"链主企业"及上下游重点产业企业新引进的急需紧缺技能人才，从引进的次月起发放安家补贴，共补贴 3 年。其中《成都市急需紧缺高端技能人才目录》Ⅰ、Ⅱ、Ⅲ类补贴标准为每人每月 3 000 元，Ⅳ类或《成都市人才开发指引（人才白皮书）》中相关区域人才紧缺指数 3 星岗位要求的技能人才每人每月补贴 2 000 元。其次，按照《国家职业分类大典》的分类，对生产制造类职业（工种）按照技师每人 5 000 元、高级技师每人 6 000 元、社会生产服务和生活服务等其他职业（工种）技师每人 3 000 元、高级技师每人 4 000 元、企业高级技师每人 3 000 元的标准给予培训补贴。再次，支持在蓉企业按照"评用结合"原则，建立首席技师制度、落实首席技师待遇、设立首席技师工作室，按照规定给予 10 万元经费资助。最后，对在世界技能大赛或国家级一类职业技能大赛中的获奖选手、教练团队和培养单位，给予最高 50 万元奖励，对其他重大赛事活动的获奖选手给予 1 万～5 万元不等的奖励。

综上所述，成都市人才引进政策对于人才的资金支持在内容上体现出了多元性、全面性的特点，不仅包括日常的资金以及住房保障的支持，还包括诸如创新创业、发展扶持、培训补贴以及职业竞赛奖励等内容。在政策内容的特征上整体呈现出分级分类、因人制宜、因领域、行业制宜的精准性、特殊性的特点。

3.2.3 人才引进的环境建设

营造一流的人才引进环境始终是成都市人才引进政策的重要内容和目标之一，良好的人才发展环境也是吸引人才来蓉发展最为重要的动力之一。成都市人才引进环境建设的内容主要包括创新创业环境、成长成才环境、公共服务环境以及宜居宜业环境。

在创新创业环境建设上，成都市通过一系列政策的相继出台，首先加大了知识产权宣传普及力度和知识产权保护力度，从而为引进人才在蓉创新成果的转化提供了有力的制度支持；其次，建立了相对完善的人才资本及科研成果的有偿转移制度，有利于激发引进人才进行原创性研发和科技成果产业化的内在动力；再次，整合了各类扶持资金，逐步形成了人才与资本深度契合机制，为引进人才在蓉创新创业奠定了坚实的物质基础；最后，大力建设共性技术平台，有效降低了引进人才创新创业的成本。

在成长成才环境建设上，成都市人才引进政策首先加强了引进人才与国内外教育培训机构的交流合作，从而扩展引进人才的发展空间；其次，依托国家级产业开发区建设"人才特区"，着力破除阻碍引进人才创新的体制机制障碍；再次，构建更为完善的选人、用人机制，着力摒弃传统"唯职称、唯论文"的引进标准，而是更加注重引进人才的实践能力和现实贡献；最后，建立健全多主体、多层次的人才奖励体系，进一步激发广大人才来蓉工作、创业的热情。

在公共服务环境建设上，成都市人才引进政策首先推动行政部门进一步简政放权，减少和规范行政审批的环节及收费事项；其次，破除人才在城乡之间、所有制之间、部门之间、产业之间自由流动的障碍，着力形成科学配置、流动顺畅的人才发展机制；再次，健全专业化、信息化、产业化、国际化的人才服务体系，通过人才信息库的建设以加强用人主体、政府部门以及人才三方面之间的良性互动；最后，是扩大引进人才社会覆盖面，鼓励用人单位为各类人才建立补充养老、医疗保险，完善各类人才出入境和长期留居、保险、住房、子女入学、家属随迁等政策措施。

在宜居宜业环境建设中，成都市人才引进政策首先强调了生态文明建设和城乡一体化规划、建设与管理等工作的关键性作用，推动成都市吸引人才要素由"要素引才"到"生态营才"的转变；其次，是实施多项人才安居工程，新建、筹措公共廉租房，从而满足引进人才阶段性的住房需求；最后，是加强国际社区、国际医院、国际学校等配套服务设施，为吸引国际化人才来蓉工作和创业提供条件。

第 4 章 成都市人才引进政策文本分析

4.1 政策文本选择

本书对 2000—2023 年成都市人才引进政策文本进行收集。

从时间上看，本书选择 2000 年以后成都市及其辖区所发布的人才引进政策文本作为研究对象，其理由如下：第一，进入新世纪后，国内国际形势的新变化进一步将人才问题推向了国家战略发展层面。从国际层面看，随着经济全球化进程不断加速，科技创新突飞猛进，以经济为基础，以科技为先导的综合国力竞争日趋激烈，而人才正逐渐成为综合国力竞争的基础性、核心性、战略性资源。从国内看，世纪之交正是我国处于加快推进中国特色社会主义建设的关键时期，经济社会发展的要求与人才资源不足之间的矛盾日益突出，人才建设已成为党和国家的重要战略之一。第二，在政策层面，2000 年，中央经济工作会议首次提出"要制定和实施人才战略"；同年，党的十五届五中全会提出"要把培养、吸引、用好人才作为一项重大的战略任务切实抓好。"在 2001 年发布的《中华人民共和国国民经济和社会发展第十个五年计划纲要》专门提出"实施人才战略，壮大人才队伍。"这是我国首次将人才战略确定为国家战略，将其纳入经济社会发展的总体规划和布局之中。国家层面对于人才工作的重视以及相关纲领性人才政策的相继出台为各地方政府开展人才工作，发布积极的人才政策提供了强大的政治推力和良好的政策氛围。

从空间上看，截至 2023 年，成都市辖 12 个市辖区（锦江区、青羊区、金牛区、武侯区、成华区、龙泉驿区、青白江区、新都区、温江区、双流区、郫都区、新津区）、5 个县级市（都江堰市、彭州市、邛崃市、崇州市、简阳市）、3 个县（金堂县、大邑县、浦江县）以及 3 个城市功能区（天府新区、成都高新区、成都东部新区）。故本书所收集的政策文本在区域上主要分为两大部分，首先是成都市市一级各行政部门所发布的人才引进政策，其次是其下辖区（县）各行政部门所发布的人才引进政策。

在政策文本收集的具体方法和途径上，本书首先通过阅读相关人才引进政策文本分析的文献确定检索方向和关键词。检索方向主要由两条路径展开，一是成都市及其辖区政府各部门的官方网站。如人力资源和社会保障局、统计局和人才服务中心等门户网站，在政策发布或政务公开等栏目中进行检索。二是借助诸如北大法宝、北大法意、百度法律等搜索引擎对其进行查缺补漏，再运用诸如《成都市统计年鉴》《成都市人才资源状况报告》等进行最后的补充和完善，并手动筛除与本研究主题无关或已经失效的政策文本。经过上述步骤，本书共收集到成都市及其下辖区（县）于2000—2023 年所发布的人才引进政策共 360 份，部分政策文本如表 4 - 1所示。

表 4 - 1　2000—2023 年成都市及其各辖区人才引进政策（部分）

	政策名称	发布时间	发文部门
成都市	《成都市关于加强专利保护进一步加快我市人才资源向人力资本转变的意见》	2003 年	成都市委办公厅
	《关于加强全市引进国外智力和留学回国人员工作的实施意见》	2005 年	成都市委办公厅
	《关于进一步完善吸引留学人员来蓉创业服务政策的实施意见》	2007 年	成都市人民政府办公厅
	《成都市鼓励企业引进急需高层次人才暂行办法》	2007 年	成都市人民政府
	《成都市中长期人才发展规划纲要（2010—2020年）》	2010 年	成都市人民政府

（续）

政策名称	发布时间	发文部门
《成都市引进高层次创新创业人才实施办法》	2011 年	成都市委办公厅
《成都市高科技人才引进和培养"双百计划"实施方案》	2012 年	成都市委办公厅
《成都市引进国外智力和留学人员来蓉工作"十二五规划"通知》	2012 年	成都市人力资源和社会保障局
《成都人才计划引进人才享受特定工作及生活待遇的若干规定》	2012 年	成都市委办公厅
《成都市引进国外智力成果示范基地和示范单位评选管理办法》	2012 年	成都市人力资源和社会保障局
《"成都人才计划"顶尖创新创业团队项目实施办法》	2013 年	成都市委组织部
《成都市科技人才创新创业资助管理办法》	2014 年	成都市科学技术局
《关于实施创新驱动发展战略加快创新型城市建设的意见》	2015 年	成都市政府新闻办
《关于为来蓉外籍高层次人才提供签证证件及停留居留便利的通知》	2015 年	成都市委组织部等 7 个部门
《关于深入实施"创业天府"行动计划加快打造西部人才核心聚集区的若干政策》	2016 年	成都市委发展和改革委员会
《成都市引进高层次创新创业人才实施办法》	2016 年	成都市委办公厅
《关于开展"成都人才计划"长期项目、青年项目、海外短期项目和顶尖创新创业团队项目申报工作的通知》	2016 年	成都市委组织部
《关于深化人才发展体制机制改革加快推进国家中心城市建设的实施意见》	2017 年	成都市委发展和改革委员会
《成都市实施人才优先发展战略行动计划》	2017 年	成都市委办公厅、成都市人民政府办公厅
《成都市鼓励企业引进培育急需紧缺专业技术人才实施办法》	2017 年	成都市人力资源和社会保障局
《成都市引进培育急需紧缺专业技术人才实施办法》	2017 年	成都市人力资源和社会保障局
《成都市引进培育大数据人才实施办法的通知》	2019 年	成都市人民政府办公厅

注：左侧纵向合并单元格标注"成都市"

（续）

政策名称	发布时间	发文部门
《中国西部（成都）科学城人力资源协同创新行动计划》	2020 年	成都市委、成都市人民政府
《成都市产业生态圈人才计划实施办法》	2020 年	成都市委组织部等 12 个部门
《关于加强全市人才安居工作的实施意见》	2020 年	成都市委办公厅
《成都市人力资源和社会保障事业发展"十四五"规划》	2021 年	成都市人力资源和社会保障局
《成都市引进培育急需紧缺技能人才实施办法》	2022 年	成都市人力资源和社会保障局、成都市财政局
《成都市企业引进培育急需紧缺专业技术人才补贴实施办法》	2022 年	成都市人力资源和社会保障局、成都市财政局
《成都建设践行新发展理念的公园城市示范区总体方案》	2022 年	四川省人民政府
《成都市建设全国创新人才高地五年行动计划》	2022 年	成都市人民政府
《关于实施"锦绣优才"培养计划的办法》	2018 年	锦江区人民政府
《关于实施"锦遇良才"行动计划的若干政策》	2018 年	锦江区人民政府
《关于设立"锦城伯乐"招才引智奖励的办法》	2018 年	锦江区人力资源和社会保障局
《成都市青羊区"青羊之星"优秀青年人才选拔暂行办法》	2018 年	青羊区人民政府
《实施"青睐工程"产业建圈强链人才计划的若干措施》	2022 年	青羊区人民政府
《青羊区加快引育优质市场主体推动产业建圈强链和强基提能若干政策》	2022 年	青羊区人民政府
《关于进一步深化人才引育留用打造"金牛骄子"品牌的行动计划》	2020 年	金牛区人民政府
《关于聚焦重点产业发展促进高层次人才创新创业的实施办法》	2020 年	金牛区人力资源和社会保障局
《成都市金牛区关于建设"天府成都北城人才高地"加快人才集聚发展的若干政策》	2021 年	金牛区人民政府

（成都市、锦江区、青羊区、金牛区为左侧分组标签）

（续）

	政策名称	发布时间	发文部门
武侯区	《成都市武侯区引进高层次创新创业人才实施办法》	2012 年	武侯区人民政府
	《成都市武侯区享受政府特殊津贴人员选拔管理办法》	2017 年	武侯区人民政府
	《成都市武侯区人才智力交流项目管理办法》	2018 年	武侯区人民政府
成华区	《"成华区引才伯乐奖"评定奖励办法》	2020 年	成华区人民政府
	《成都市成华区关于建设全国创新人才高地特色区加快人才集聚发展的若干政策》	2022 年	成华区人民政府
龙泉驿区	《关于实施"龙泉驿英才计划"加快高层次人才聚集的若干政策》	2018 年	龙泉驿区人民政府
	《新经济专项人才计划实施细则》	2020 年	龙泉驿区人力资源和社会保障局
	《成都经开区（龙泉驿区）保人才链稳定岗位工作方案》	2022 年	龙泉驿区人民政府
青白江区	《成都市青白江区关于促进人才优先发展若干措施的意见》	2017 年	青白江区人民政府
	《"智汇青白江·产业英才引进计划"暂行办法》	2017 年	青白江区人民政府
	《成都市青白江区"智汇陆港"人力资源协同创新行动计划》	2017 年	青白江区人力资源和社会保障局
新都区	"新都人才新政 24 条"	2017 年	新都区人民政府
	《成都市新都区建设具有区域带动力的人才工作先行区的若干政策措施》	2022 年	新都区人民政府
温江区	《成都医学城高层次人才创新创业支持政策》	2017 年	温江区人民政府
	《成都市温江区高层次人才创新创业支持政策》	2019 年	温江区人民政府
	《成都市温江区加快建设人才工作先行区激发人才创新创造活力的十条政策措施》	2023 年	温江区人民政府
双流区	《成都市双流区空港科创人力资源协同创新政策措施》	2021 年	双流区人民政府
	《成都市双流区技能人才队伍建设引育激励办法》	2021 年	双流区人民政府
	2023 年《成都市双流区激励博士后工作创新发展十二条措施（试行)》	2023 年	双流区教育局

（续）

	政策名称	发布时间	发文部门
郫都区	《聚焦菁蓉镇打造双创高地若干政策》	2016 年	郫都区人民政府
	《支持台湾青年创新创业的若干政策》	2017 年	郫都区人民政府
	《"郫都菁英"产业人才计划若干政策》	2018 年	郫都区人民政府
新津区	《新津县引进培育"津英人才"若干政策》	2019 年	新津县人民政府
	《成都市新津区引进培育"津英人才"若干政策2.0》	2020 年	新津区人民政府
	《成都市新津区支持数字经济青年人才发展十条政策》	2022 年	新津区经济和信息化局
都江堰市	《都江堰市实施人才兴旅发展战略行动计划（试行）》	2017 年	都江堰市委办公室
	《都江堰市实施人才引领发展战略行动计划》	2022 年	都江堰市人民政府
彭州市	《彭州市支持高层次人才创新创业实施细则》	2022 年	彭州市人民政府
邛崃市	《邛崃市实施"凤凰崃栖"人才工程加快人才集聚发展的若干措施》	2022 年	邛崃市人民政府
简阳市	《实施"简州英才"工程　加快建设成都东部区域人才集聚高地的若干政策措施》	2021 年	成都市人力资源和社会保障局
崇州市	《崇州市"蜀城英才计划"优秀人才项目实施办法》	2022 年	崇州市人才工作办公室
金堂县	《金堂县实施人才引领发展战略，高质量建设"成东中心、公园水城"行动计划》	2022 年	金堂县人民政府
大邑县	《大邑县 2023 年引进急需紧缺专业高层次人才公告》	2023 年	大邑县人民政府
浦江县	《浦江县事业单位人才引进实施办法》	2023 年	浦江县人民政府
天府新区	《四川天府新区成都直管区"天府英才计划"实施办法（修订版）》	2023 年	四川天府新区管委会

（续）

	政策名称	发布时间	发文部门
高新区	《关于支持区内新兴研发事业单位引进急需科技创新领军人才和区内重点企业引进急需产业创新领军人才相关补贴申报工作的通知》	2023 年	成都高新区管理委员会
东部新区	《关于实施"东部英才计划"加快产业人才集聚的若干政策》	2022 年	成都东部新区管理委员会

4.2　成都市人才引进政策的时间维度分析

4.2.1　成都市人才引进政策年度发文趋势

本书对成都市及其各辖区自 2000 年至 2023 年所颁布的人才引进政策数量进行统计（图 4 - 1）。由此可见，成都市人才引进政策发文数量在时间维度上整体呈现出起伏波动、曲折上升的态势，是一种"非均衡、断点式"的增长趋势。

2012 年，四川省政府开始实施"百人计划"，基于此，成都市及其各辖区发布了一系列的人才引进配套政策；2017 年，党的十九大报告指出"要实行更加积极、更加开放、更加有效的人才政策。"与此同时，中共中央印发了《关于深化人才发展体制机制改革的意见》，也再次凸显了中央重视人才发展的坚定决心。因此，成都市及其各辖区在 2017 年所颁布的人才引进政策的数量也达到了峰值；2022 年，国务院同意成都市建设践行新发展理念的公园城市示范区的批复。成都市对于人才的需求激增，对于所需人才的标准也随之发生改变。为此，成都市颁布了《建设全国创新人才高地五年行动计划》，与之相配套的人才引进政策也随之出台，所发布的政策数量急剧增长。

综上所述，成都市及其各辖区人才引进政策发布数量与上级政府对于人才工作的重视程度呈正相关，积极回应上级政府重视人才工作的政治偏好是其演进背后的深层次推动力。此外，新冠疫情不仅制约了成都市整体的经济发展速度，减少了各产业、行业对于人才的需求，也在空间上限制了人才的自由流动。因此在 2020 年和 2021 年，成都市及其各辖区人才引进政策的发文量骤降。

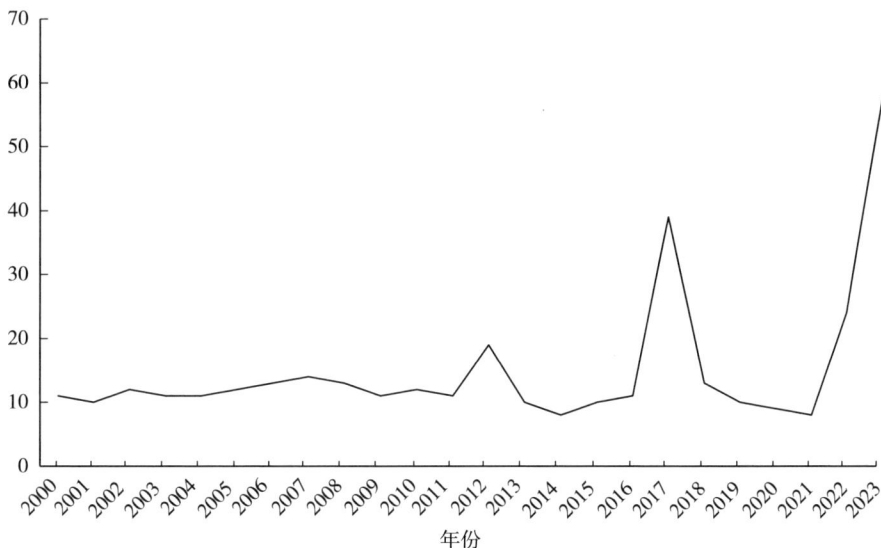

图 4-1　2000—2023 年成都市及其各辖区人才引进政策发文数量

4.2.2　成都市人才引进政策演进关键时间节点

政策变迁过程中的关键节点可以理解为历史发展中的转折时期、制度设计和重大决策的关键时期，对制度和政策后期的变迁轨迹具有重大影响作用[136]。21 世纪以来成都市人才引进政策变迁过程中的关键时间节点主要包括 2010 年和 2017 年。

2010 年，中共中央、国务院共同发布《国家中长期人才发展规划纲要（2010—2020）》。这是我国首个中长期人才发展规划，也是当前和今后一段时期内我国人才工作的纲领和指南。在此背景下，成都市政府于2010 年颁布了《成都市中长期人才发展规划纲要（2010—2020 年）》，主要明确了成都市未来人才工作的战略目标，以及需重点发展的人才类型。同年，《四川省"十三五"人才发展规划》《成都市"十三五"人才发展规划》等宏观纲领性政策文件的相继出台，也为成都市人才引进政策的制定和实施提供了明晰的战略方向、目标和原则。上述政策的相继出台一方面为成都市人才引进政策的制定与实施提供了较为全面的指引，进一步提升了政策的前瞻性、针对性、指导性、合理性；另一方面，也标志着成都市人才引进政策系统中"上下衔接、左右贯通、整体联动、相互支撑"的规划实施格局逐渐形成，规划的导向和引领意义日益凸显。

2017 年成都市委、市政府联合发布《成都市实施人才优先发展战略行动计划》（以下简称《行动计划》）。《行动计划》被认为是当时含金量最高、惠及面最广、支持力度最大、针对性最强的人才政策，充分展示了成都市委、市政府泽天下英才而用之的气魄和决心[137]，也被称为成都市"人才新政 1.0"。从战略地位上看，《行动计划》鲜明地提出了"实施人才优先发展战略"的重大命题，并赋予其战略主体地位。一方面，将人才资源从"支撑要素"上升至"发展要素"，着重突出了其在推动成都市经济社会发展过程中的重要地位。另一方面，也将人才改革嵌入供给侧结构性改革，彰显了推动人才引领创新发展的坚定决心。从目标定位上看，《行动计划》紧紧围绕产业和企业等用人主体的人才需求，紧扣成都市建设全面体现新发展理念的国家中心城市的发展目标和产业发展方向，对于长期制约人才发展的诸多问题针对性地提出了具体举措。从制度设计看，《行动计划》提出了优化人才落户制度、实施人才安居工程、建立蓉城人才绿卡制度、开展全民技术技能免费培训等 12 条具体措施，针对不同类型的人才群体构建政策体系并分类施策。2017 年后，成都市颁布的诸如"人才新政 2.0""人才新政 3.0"等一系列人才引进政策本质上都是对《行动计划》的补充、完善和升级。更为重要的是，《行动计划》中"突出用才主体需求"和"分类施策"的思想为成都市后续人才引进政策以及人才认定标准的界定奠定了坚实的基础。

综上所述，在综合考虑成都市人才引进政策每年发文趋势变化以及关键时间节点后，本研究以 2000 年为起点，以 2010 年、2017 年为分界，将成都市人才引进政策的发展分为三个阶段：2000—2010 年为规范探索时期、2011—2017 年为深化推进时期、2018—2023 年精准发展时期。

4.2.3　成都市人才引进政策演进阶段

（1）规范探索时期（2000—2010 年）

在计划经济时代，人才作为一种资源，同样由国家统一分配，地方和用人单位在引才、用才、留才等环节中的自主性相对较弱。党的十四届五中全会提出"将我国的经济体制从计划经济转为社会主义市场经济"，经济体制的转型也使得人才的流动更加符合市场规律，各地也纷纷通过各种物质和政策条件来吸引人才，在人才政策的制定与颁布中自主性也逐渐提升。这段时期内，成都市人才引进政策的制定和颁布处于起步时期，尚未形成具有统筹性、指导性的人才引进纲领性文件。与此同时，对于人才的界定标准以及完善的组织管理体系也未完全形成，政策主体主要以"国外留学人员"为主，负责财政和补贴支出的行政部门也尚未明确，总体而言呈现出规范探索的特征。

在此阶段中，诸多政策的出台一方面确立了成都市吸引人才促进城市发展的总体性政策目标；另一方面，成都市对于人才知识产权的保护以及成果转化的有益探索也符合西方发达国家人才引进政策的发展规律，具有较强的科学性。与此同时，对于"国外留学人员及专家"的界定标准也逐渐详细、亟需引进人才企业的类型也已初具雏形。上述成果均为后期成都市人才引进政策的科学化、规范化、民主化发展奠定了坚实的基础。

具体而言，1995 年 5 月 6 日，中共中央、国务院颁布了《关于加快科学技术进步的决定》，首次提出在全国实施科教兴国战略。时任中共中央总书记的江泽民指出"必须把经济建设转移到依靠科技进步和提高劳动者素质的轨道上来。"同年，时任四川省委常委、成都市委书记黄寅逵作

《全面实施科教兴市战略，加快成都市经济社会发展》的讲话，成都市委、市政府颁布了《关于加快成都科学技术进步的决定》，正式拉开了成都市人才引进政策发展的序幕。2003 年，成都市委办公厅颁布《成都市关于加强专利保护进一步加快我市人才资源向人力资本转变的意见》加大了知识专利的保障力度，进一步促进了人才成果的转化。2005 年和 2007 年两年，成都市委办公厅和政府办公厅又相继颁布了两项政策以明确海外留学人员及高层次人才的界定标准、补贴政策以及社会保障等，为成都市吸引海外高层次人才创造了良好的政策环境。2007 年，成都市政府颁布《成都市鼓励企业引进急需高层次人才暂行办法》，首次在政策层面上将人才资源与产业发展相结合，明确了引进人才企业所享受政策福利的具体类型。在经过上述政策探索后，2010 年，成都市出台《成都市中长期人才发展规划纲要（2010—2020 年)》《成都市"十三五"人才发展规划》。首次在战略层面上明确了成都市未来一段时间内人才引进的总体目标和原则，提出了人才发展总体目标的量化指标，并初步将人才引进的类别确定为高新技术产业人才、现代服务业人才、现代制造业人才、现代农业人才、战略性新兴产业人才、党政队伍人才、企业经营管理人才、专业技术人才、技能人才、农村实用人才和社会工作人才。标志着成都市人才引进政策系统的规范性得以进一步提升（表 4 - 2）。

表 4 - 2　成都市 2000—2010 年代表性人才引进政策

发布时间	政策名称	政策主要内容
2003 年	《成都市关于加强专利保护进一步加快我市人才资源向人力资本转变的意见》	加大资金扶持、专利实施以及产业化力度，促进人才及知识、智力成果的进一步转化
2005 年	《关于加强全市引进国外智力和留学回国人员工作的实施意见》	加快建立"成都市引进外国智力项目信息库""成都市留学回国人员信息库"等平台，实现信息的分类管理，搭建外国专家和留学回国人员国际国内的政策交流、人才交流、项目交流、资本交流等信息服务平台

（续）

发布时间	政策名称	政策主要内容
2007 年	《关于进一步完善吸引留学人员来蓉创业服务政策的实施意见》	明确了留学人员、高层次留学人才的界定、福利待遇及其子女家属随迁、落户等政策优惠标准和范围
2007 年	《成都市鼓励企业引进急需高层次人才暂行办法》	明确了企业引进高层次人才可以享受政策优惠的具体类型、高层次人才的申报条件、申报程序、经费发放方式以及组织管理
2010 年	《成都市中长期人才发展规划纲要（2010—2020 年）》	明确了成都市人才发展的指导思想、战略目标、主要任务；列举了未来十年内成都市重要人才工程清单

（2）深化推进时期（2011—2016 年）

在宏观性、指导性人才开发纲领确定后，成都市人才引进政策在 2010 年后进入政策的深化推进时期。其中的"深化"主要体现在以下两个方面：一方面是在已有政策的基础上对政策内容的进一步细化。这一时期内成都市所颁布的人才引进政策在人才的界定、分类、资助标准以及金额等诸多方面均进行了进一步的细化，政策"因人制宜、因岗制宜"的精准性和个性化的特点逐渐显现。另一方面是完善的人才引进政策体系基本成型。这一时期相关政策的相继出台不仅为政策的精准实施提供了有力的制度保障，也将关注点聚焦于诸如就业信息发布平台、智力成果转化等相关配套措施。与此同时，各部门相对分散的政策资源也在这一阶段得到了进一步整合，在人才引进政策实施环节中的组织保障、职责分工等方面的协作也得以优化，完善的人才引进政策体系雏形初现。

具体而言，2011 年，成都市正式出台《成都市引进高层次创新创业人才实施办法》，对于高层次创新创业人才的主要范围、界定及补助标准进行了较为详尽的阐述。明确了高层次创新创业人才的界定标准，即"高新技术产业和战略性新兴产业中年龄不超过 55 周岁，拥有博士学位的人才"。对于入选的人才，每人将给予 100 万元的补助和一系列的创业优惠政策和生活待遇。为充分发挥引进国外智力成果推进成都市现代化、国际化的重要作用，2012 年，成都市人力资源和社会保障局发布《成都市引进国外人才智力成果示范基地和示范单位评选管理办法》，明确了申报引智示范基地（单位）的条件、所需材料、申报程序以及所需履行的义务。同时规定对批准命名的引智成果示范基地给予每年 10 万元的资金支持，连续支持 2 年；对成果申报并命名为国家级引智成果示范基地（单位）一次性给予 20 万元的资金支持。2013 年，成都市委、市政府发布《关于实施创新驱动发展战略加快创新型城市建设的意见》（以下简称《意见》），明确提出"2015 年将成都市率先建成西部领先、全国一流、国际知名的创新型城市；到 2020 年成为全国一流的创新之城、创业之都，初步建成中西部创新驱动发展引领城市、国际知名的区域科技创新中心。"在人才的培养和引进方面，《意见》也支持高校院所科研人员自主处置科研成果，实行职务科技成果转化激励新机制并实施市院（校）科技创新人才联合培养计划。2014 年成都市科学技术局、市委组织部以及人力资源和社会保障局联合发布《成都市科技人才创新创业资助管理办法》（以下简称《办法》）。《办法》在《成都市引进高层次创新创业人才实施办法》的基础上进一步细化了高层次创新创业人才的类型，根据工作地理位置将其分为"在蓉高层次创新创业人才"以及"外地来蓉高层次创新创业人才"。与此同时，《办法》也对于高校院所创新创业人才的资助对象进行细分，分为"创业资助"和"创新服务资助"，并根据不同的对象实施不同的资助办法。2016 年，成都市委、市政府在四川省和成都市《"十三五"人才发展规划》的指引下联合颁布了《关于深入实施"创业天府"行动计划加快打造西部人才核心聚集区的若干政策》（以下简称"新十条"）。"新十条"从人才引进、培育、扶持和服务等多个领域综合提出了多项创新措施。首先是大力提升资助力度，将原有市级、区县共 15.5 亿元人才发展专项资金提升至 20 亿元，将原有人才政策中引进高端人才的资助标准由每人 50 万～100 万元提升至 120 万～200 万元；其次，对高端人才分类进行调整，将原有长期、中期、短期和青年人才的分类更改为国际顶尖人才、国家级领军人才以及地方高级人才三类，并分类实施资助措施；再次，改变了原有部门人才政策分散的状况，首次将经信、科技、人社、金融等创新创业相关部门的政策资源进行整合；最后，"新十条"也首次明确了人才创新创业的配套扶持服务政策，探索建立"企业提需求＋高校院所出编制＋政府给支持"的联合引才机制。同年，成都市再次颁布《关于深化人才发展体制机制改革，加快推进国家中心城市建设的实施意见》（简称"成都人才36条"）。在"新十条"的基础之上再次对成都市的人才政策进行系统性升级，着眼于破解人才创新创业长期以来所面临的制度瓶颈，从体制机制改革的角度对成都市人才引进工作进行顶层设计（表4-3）。

表 4-3　成都市 2011—2016 年代表性人才引进政策

发布时间	政策名称	政策主要内容
2011 年	《成都市引进高层次创新创业人才实施办法》	进一步明确"高层次创新创业人才"的范围、认定标准及保障措施
2012 年	《成都市引进国外智力成果示范基地和示范单位评选管理办法》	构建人才与成果转化之间的衔接平台，明确成都市引智成果示范基地的申报程序、所需承担的管理义务、工作职责以及经费来源
2013 年	《关于实施创新驱动发展战略加快创新型城市建设的意见》	提出到 2015 年成都市将率先建成领先西部、全国一流、国际知名的创新型城市。明确了创新型城市建设的六项重要任务，集聚创新创业人才，鼓励高层次人才在蓉创新创业
2014 年	《成都市科技人才创新创业资助管理办法》	明确高层次科技人才创新创业人才研发经费资助对象及金额。进一步聚集高层次创新创业人才，推动高校院所人才服务企业高质量发展，支持企业培养创新人才，充分调动科技人员的积极性和创造性，促进科技成果转移转化，增强企业自主创新能力
2016 年	《关于深入实施"创业天府"行动计划加快打造西部人才核心聚集区的若干政策》	大幅提高了人才发展专项基金规模和人才资助标准，坚持自主培养本土人才和引进海外人才并重，深入实施三项本土人才培养计划；着力破解创业者"融资难"的困境

(3) 精准发展时期（2017—2023 年）

随着成都市人才引进政策的基本原则、目标等基本方向已经确立，加之政策体系及组织管理的日益完善，这一阶段成都市人才引进政策呈现出精准的特点，并与城市发展和用人单位的实际需求相呼应，人才引进的范围得以进一步缩小、标准进一步提高，主要集中于诸如大数据人才、全球高端人才、急需紧缺技能人才等。与此同时，用人主体在人才引进、培育、评价等各个环节中的主导地位也在这一阶段中得以确立并凸显。

2017 年成都市委、市政府联合发布《成都市实施人才优先发展战略行动计划》（以下简称《行动计划》）。其最大的亮点在于，首先，进一步推行了"先落户后就业"的落户政策，放宽了落户限制，鼓励更多人才来蓉创新创业。同时，也通过设立"蓉漂人才日"等方式增强引进人才的归属感和荣誉感。其次，向引进人才发放"蓉城人才绿卡"，建立了人才绿卡积分增值等系统性的制度体系，为引进人才在蓉创新创业营造了良好的工作与生活环境。2019 年，成都市人民政府办公厅印发《成都市引进培育大数据人才实施办法的通知》（以下简称《通知》），积极回应了当前大数据产业蓬勃发展的国内外发展趋势。《通知》以"分层分类、引领示范"为原则，力争每年为成都市引进 10 名国内外顶尖大数据人才、评选认定 100 名大数据领军人才、培养 1 000 名中高级大数据专业人才。此外，《通知》还鼓励政府大数据产业部门、高校院所、知名大数据企业采取双向交流的方式互派人员任（挂）职锻炼。为助力中国西部（成都）科学城的建设，2020 年，成都市委、成都市人民政府办公厅联合发布《中国西部（成都）科学城人力资源协同创新行动计划》（以下简称《行动计划》）。该计划着眼于科学城建设对人力资源的高质量供给、高效率配置以及高效能转化，提出了一系列创新举措。在人才的高质量供给上，《行动计划》一方面提出实施"天府实验室全球高端人才招引计划"，力求打造具有国际影响力的"科研重镇"；另一方面，鼓励合作建立行业指导委员会制定产业人才培养标准，从而构建精准的引才模式。在人才的高效率配置上，《行动计划》支持头部企业推荐人才直接入选市级重大人才计划，并支持人力资源服务机构、行业协会等多方主体共同搭建"共享人才平台"以促进产业链与人才链的深度耦合。在科技成果高效转换层面上,《行动计划》延长了科研人员所持有的科技成果所有权,或赋予其 10 年以上的成果长期使用权。与此同时,通过不断完善人才评价和激励机制,并鼓励高级创新平台向社会开放,从而持续激发市场主体活力和社会创造力。同年,成都市委组织部联合成都市经济和信息化局等 11 个部门联合发布了《成都市产业生态圈人才计划实施办法》(以下简称《办法》),在人才引进的诸多政策呈现出了较多亮点的背景下,进一步回应了"谁来评""怎么评""给什么"的重要关切。《办法》打破了传统的人才评价方式,进一步深化了人才评价机制改革,推动"政府主导"变为"市场主导",将人才评审权更多地赋予头部企业、行业协会、产业联盟、关联配套企业等市场主体,着力于激发用人主体的内生动力,创新了"谁来评"的问题。同时,《办法》坚持"因业施策、因企施策"的原则,优化并明确了领军人才的遴选程序和标准,制定了 14 个定位清晰的"人才图谱",方便用人单位"按图索骥",切实解决了"怎么评"的问题。最后,《办法》在人才成长规律的基础之上,尊重市场发展规律,从子女入学、家人随迁、信息交互、社会保障、精准赋能等方面着手,为人才提供专业化、精细化、个性化的支持,从而为人才发展提供良好的外部环境。2022 年,成都市人力资源和社会保障局与财政局联合印发《成都市引进培育急需紧缺技能人才实施办法》,明确了"急需紧缺技能人才"的范围与补贴标准。再次强调"技能人才企业评价",按照"谁用人、谁评价、谁发证、谁负责"的原则,支持各级各类企业自主开展技能人才评价工作,发放职业技能等级证书等,进一步凸显了用人主体在人才评价体系中的重要地位。2022 年 1 月,成都市委人才工作会议将《成都市建设吸引和集聚人才平台的若干政策措施(征求意见稿)》(以下简称"政策措施")提交讨论。《政策措施》从引育战略科学家和科技领军人才、鼓励高校大学生来蓉留蓉发展、支持科技成果在蓉转化等 20 个方面着手,全方面招引各类各层次人才,并提出了相应的支持措施。与此同时,《政策措施》也明确提出了要推行与科技任务、项目招商等相结合的引才模式，并健全以"创新能力、质量、实效、贡献"为导向的科技人才评价体系（表4-4）。

表4-4　成都市2017年至2023年代表性人才引进政策

发布时间	政策名称	政策主要内容
2017年	《成都市实施人才优先发展战略行动计划》	紧扣成都市城市发展目标，出台了给予高层次人才创新创业扶持、鼓励青年人才来蓉落户、保障人才住房等12条措施
2019年	《成都市引进培育大数据人才实施办法的通知》	明确了成都市大数据高层次人才引进培育工作的基本原则、目标、支持范围、标准及配套措施
2020年	《中国西部（成都）科学城人力资源协同创新行动计划》	提出高标准建设天府实验室，支持国家级科研机构、知名高校来蓉建设大科学装置，鼓励在蓉高校院所、企业创建国家级研发中心、产学研联合实验室
2020年	《成都市产业生态圈人才计划实施办法》	明确产业生态圈人才的支持范围，提出资金资助、住房保障、子女入学、交流培训、职称申报、体检疗养等方面的支持政策
2022年	《成都市引进培育急需紧缺技能人才实施办法》	明确政策目的、急需紧缺技能人才的范围以及政策实施的对象。就技能人才来蓉落户、技能人才安家补贴等九个方面的人社部门现行政策进行了明确与调整
2022年	《成都市创建吸引和集聚人才平台激发人才创新创造活力的若干政策措施》	招募天府实验室首席科学家、支持企业和高校院所在蓉创办新型研发机构、动态发布成都人才目录、招引培育城市治理人才、实施社工人才培优计划

4.3　成都市人才引进政策演进的空间维度分析

4.3.1　成都市人才引进政策空间分布演进特征

基于成都市城市总体规划对于各个城市圈层的划分①，选取2017年和2023年两个时间节点对成都市各辖区所发布的人才引进数量进行统计

---

①　注：成都市一圈层包括锦江区、青羊区、金牛区、武侯区、成华区；二圈层包括龙泉驿区、新都区、温江区、双流区、郫都区；三圈层包括新津区、青白江区、都江堰市、彭州市、邛崃市、崇州市、简阳市、金堂县、大邑县、浦江县。

并进行对比分析，以探析成都市人才引进政策在空间维度分布的演进特征（图 4 - 2、图 4 - 3）。

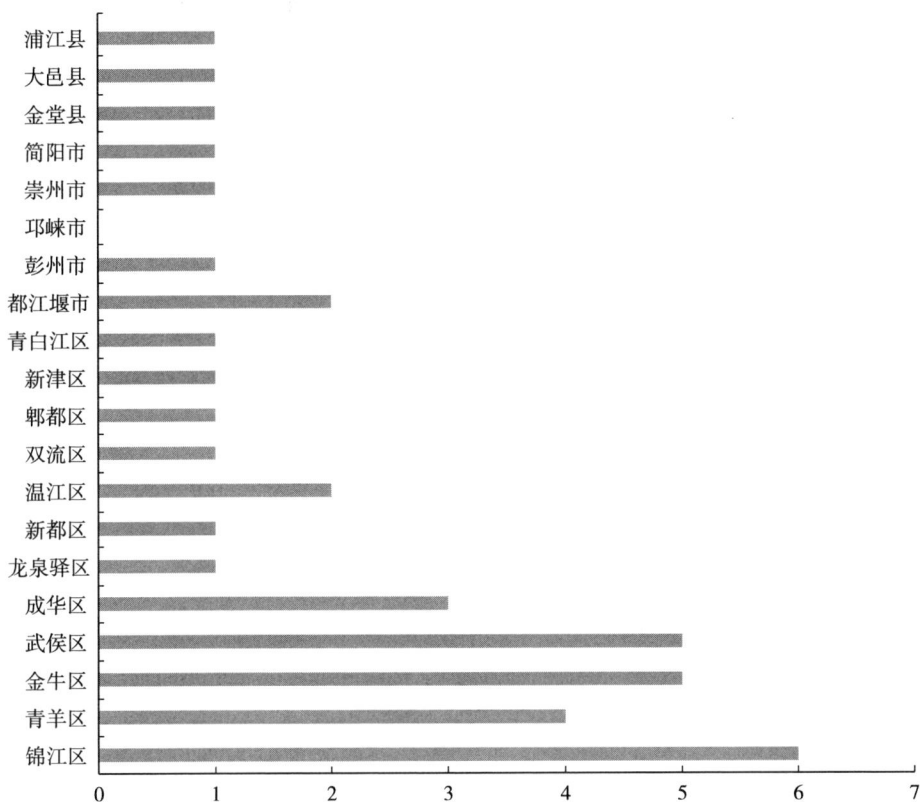

图 4 - 2　2017 年成都市各辖区人才引进政策发文量

　　分析发现，2017 年，成都市人才引进政策发布主要集中于一圈层之中，锦江区、青羊区、金牛区、武侯区、成华区五大主城区所颁布的政策数量占成都市全年总量的 58.97%。在空间上的分布整体呈现辐射状的不均衡分布特征，即人才引进政策发布数量从一圈层向外逐层递减，且各个圈层之间在政策发文总量上的差距较大。

　　上述特征产生的原因首先是成都市一圈层城市的引领带动作用尚不显著，对于高端人才的需求较为旺盛。2017 年，成都市一圈层内的五大主

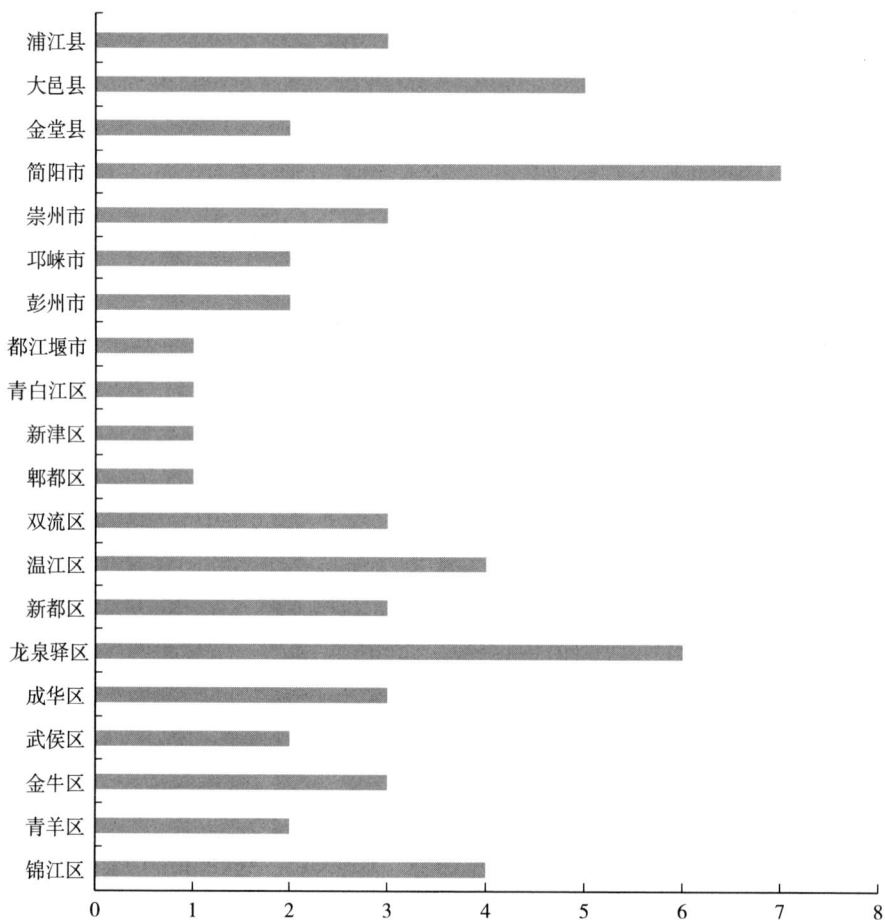

图 4-3 2023 年成都市各辖区人才引进政策发文量

城区以 29.913% 的人口数贡献了 35.039%①的全年经济生产总值。相较而言，主城区拉动成都市经济增长的引领带动作用尚有待进一步激发，人才在其中的经济贡献率也有待进一步提升。故这一阶段，一圈层各辖区对于人才，尤其是高端人才的引进需求较大。同时，成都市一圈层各辖区在医疗、教育、基础设施等方面相较于其他辖区而言具有一定的比较优势，会

---

① 数据来源：本书根据《成都市 2017 年国民经济和社会发展统计公报》测算得出。

在人才竞争中提升本辖区对于人才的"拉力"。此外,财政收入和经济发展水平的相对领先优势也能够为其制定更具吸引力的人才引进政策奠定一定的物质基础。最后,二、三圈层中的各辖区在 2017 年正处于发展起步阶段,缺乏相应的政策和财政补贴,相对滞后的经济发展水平会增加当地对于人才的"推力"。诸如二圈层中的双流区和郫都区分别在 2015 年和 2016 年才撤县设区,原有制约经济发展的诸多障碍和地理性限制因素尚未被完全消除、产业的布局升级尚在进行、中心城市服务网络也尚未完全建成,二圈层各辖区的发展潜力也尚未被完全激发出来。

2023 年成都市各辖区人才引进政策的发文数量在空间上的分布发生了新的变化。一圈层各辖区人才引进政策的发文数量整体呈现出下降的趋势,二、三圈层的发文数量逐渐增多,其中简阳市的增长幅度最大。成都市各辖区人才引进政策的空间分布格局整体呈现出更为均衡的发展态势。

这种空间分布整体特征的演进有许多原因。随着成都市整体社会经济发展向好,二、三圈层的发展潜力被进一步激发。相较于经济发展较为领先的主城区而言,这些区域对于人才的吸纳能力和需求同样也被进一步激发,故整体政策发文数量有着显著的提升。另外,城市总体规划以及辖区功能定位的变化等外部因素也会推动演变趋势的形成。2017 年成都市规划局发布《成都市城市总体规划(2016—2035)》(以下简称《规划》),正式提出了"一心两翼三轴多中心"的城市空间结构,着力改变单中心集聚、圈层式蔓延的发展模式,构建网格化、多中心、生态型的城市发展新格局。《规划》将包含龙泉驿区、青白江区和天府新区部分区域以及简阳市和金堂县全域在内的东部区域定位为"国家向西向南开放的国际门户";将包括天府新区、双流区以及邛崃市部分区域以及新津区全域在内的南部新区定位成"全面体现新发展理念示范区、创新驱动先导区、新经济发展典范区、国际化现代新区、区域协同示范区";将包括彭州市、都江堰市、郫都区、温江区、邛崃市部分区域以及崇州市、大邑县全域的西部区域定位为"成都市最重要的生态功能区和粮食生产功能区、西部绿色低碳科技产业示范区、国家生态宜居的现代田园城市典范区、世界旅游目的地核心区和天府文化重要展示区";将包含青白江区、新都区、彭州市部分区域的北部区域定位为"'一带一路'的重要门户枢纽、成德绵区域协同发展的先导区、成都市北部生态屏障、产业转型发展示范区、城市有机更新示范区和彰显天府文化的宜居家园"。在此之前,成都市二、三圈层中各个辖区更多的是将缓解中心城区人口压力、承接产业转移作为主要的功能定位。而《规划》的出台不仅为各辖区的功能定位赋予了全新的战略意蕴,也为这些区域的发展提供了良好的政策支持。因此,这些区域根据全新的战略定位明确了人才需求的类型和标准,有助于精准引才。与此同时,城市新区和开发区的建设也会进一步扩大区域引进人才的规模。2020 年 4 月 28 日,经四川省人民政府批准(川府函〔2020〕84 号),设立成都东部新区,托管简阳市所属的 9 个街道和 6 个镇。东部新区的正式设立也再一次激发了简阳市对于人才的需求,其人才引进政策的发文数量呈现出大幅增长的良好态势。

4.3.2 成都市人才引进政策空间扩散动因分析

公共政策在空间维度的扩散是阐释政策在空间分布特征的重要视角。政策扩散的动因按照方向划分主要分为垂直扩散和水平扩散,前者是指政策扩散的根本动因源自自上而下的威权或命令,而后者则包含地理位置邻近政府或经济社会发展状况与自身类似政府之间的政策扩散[138]。成都市人才引进政策扩散的机制和动因在垂直方向的扩散主要表现为上下级政府互动过程中自上而下的等级扩散,其内在推动力是政策学习;在水平方向的扩散主要体现为同等级辖区之间的邻近扩散,其内在推动力是政策竞争与模仿。同时,"晋升锦标赛"也会在这一过程产生影响。

(1)自上而下的等级扩散

在我国的政治体制和治理语境下,政策学习主要表现为一种"争先模式"，指的是在中央政府的高度介入下，各级地方政府凭借其较强的学习能力以促进政策的扩散和创新[139]。分析成都市各个辖区所发布的人才引进政策文本发现，在自上而下的等级扩散中，成都市各个辖区对于其上级政府（成都市政府）所颁布的相关政策更多的是采用原文印发的方式促进其在下属街道办事处或居委会的进一步扩散，其中政策创新的意蕴较为淡薄。故本书将人才引进政策自上而下扩散过程中的主体分别定义为中央政府和成都市政府，其下辖的区（县）政府并不在讨论范围之内。

成都市政府在中央政府的宏观引领下，其垂直方向的政策学习历经了两种不同的路径，共同促进了人才引进政策的扩散。首先是"W 型学习路径"，描述的是中央政府和地方政府之间呈现出从自上而下到自下而上循环往复的政策互动路径（图 4 - 4）。具体而言，在这一过程中，中央政府为"第一行动集团"，提出政策导向或指导性纲要，并未细化具体的政策操作方案。与此同时，地方政府扮演"第二行动集团"的角色，承担的主要任务是继续深化政策认知、响应中央倡议并建立政策学习机制。

2007 年，人才强国战略作为发展中国特色社会主义的三大基本战略之一，写进了中国共产党章程和党的十七大报告。2010 年，中共中央、国务院发布了我国首个中长期人才发展规划《国家中长期人才发展规划纲要（2010—2020 年）》，明确了人才建设的主要任务、规定了我国经济社会发展重点领域急需紧缺专门人才的类型，强调了各地方政府要实行更为积极开放的人才政策，以促进我国人才体制机制的创新。同年，成都市人力资源和社会保障局也颁布了《成都市中长期人才发展纲要（2010—2020 年）》，在政策内容上回应了中央政府的要求：首先，明确了在装备制造、信息等重点领域对于人才的需求；其次，在政策工具的选择和组合上，也多采取基础型和分配型工具相结合的方式，在降低人才落户门槛、简化审批流程的同时，通过优惠和补贴政策以提升两地对人才的吸引力；最后，在人才管理体制机制创新方面也体现了打破行政壁垒，扩大用人单位对人才使用的自主权的目标倾向。由此可见，在 W 型的政策扩散路径中，地方政府对中央政府的政策学习主要体现在根据本地的实际状况，对政策目标或具体政策内容进行进一步的细化和调试，政策创新的内容较为有限，更多表现为一种对上级政策偏好的积极回应。

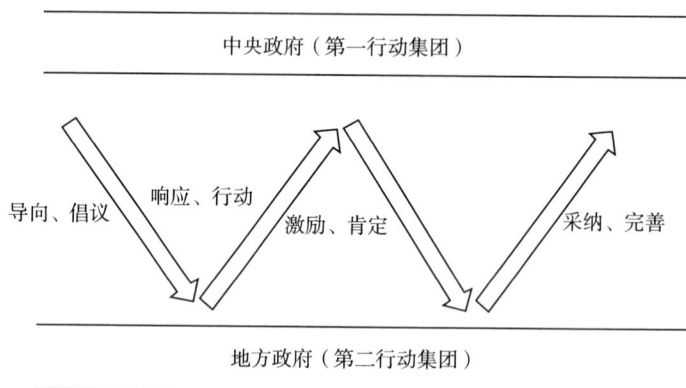

图 4-4 W 型政策学习路径

来源：杨宏山，李娉. 政策创新争先模式的府际学习机制 [J]. 公共管理学报，2019，16（2）：1-14.

其次是"M 型学习路径"，这种政策学习路径的起点是地方政府的自主探索，即地方政府扮演"第一行动集团"的角色，其主要作用是基于当地实际和潜在利益，依托当地智库进行政策探索，在政策原有的框架内对其进行创新。而中央政府则扮演"第二行动集团"的角色，主要的作用是对进行政策创新的地方政府提供支持和激励因素，以促进这种政策创新的进一步扩散（图 4-5）。随着改革的推进，我国地方政府在人才引进政策的创新上获得了更大的自主权。2017 年，成都市"人才新政 12 条"出台，对人才落户制度进行创新，在提出"先落户后就业"的同时，接续实施"人才安居工程"和"人才公寓计划"等保障性措施，为成都市人才引进提供了较为良好的基本居住条件。与此同时，"发放蓉城人才绿卡"的政策也在一定程度上打破了学历、职称等限制，彰显了在提供公共服务项目和内容方面的创新性特点。2022 年，国务院同意成都建设践行新发展理念的公园城市示范区，鼓励成都市走出一条"用良好的自然生态环境吸引人才集聚"的创新之路，也反映了中央政府对成都市人才引进战略从"政策引才"到"生态营才"转变探索的认可和支持。

综上所述，在 M 型的政策学习路径中更为强调地方政府的自主探索，其中的政策创新意蕴会更为显著。正是这种中央政府与地方政府之间的双向互动路径以及政策扩散和政策创新相互交织的政策学习模式，共同形塑了成都市人才引进政策在空间维度上的扩散特征。

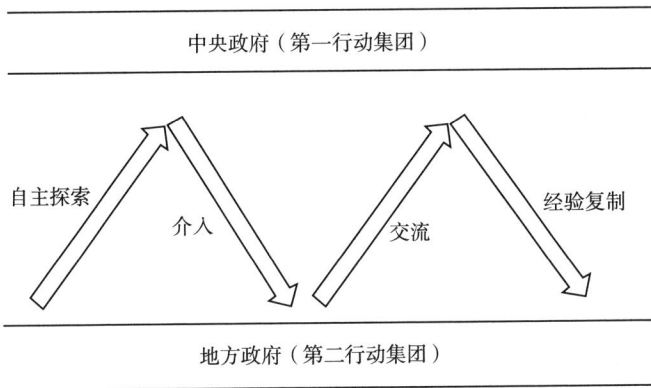

图 4 - 5　M 型政策学习路径

来源：杨宏山，李娉．政策创新争先模式的府际学习机制 ［J］．公共管理学报，2019，16（2）：1 - 14.

（2）同等级辖区之间的邻近扩散

人才引进政策在成都市同等级辖区之间邻近扩散在本质上是一种通过政策吸引获得对高质量增长核心资源争夺优势的政策模仿和政策竞争行为，其背后的制度基础是"晋升锦标赛"。一方面，随着我国经济发展的转型，对于地方政府而言，人才正逐渐取代地理位置、自然资源等，成为影响区域经济发展速度和质量的最关键的因素[140]。发布优惠的人才政策是吸引、培养、保有人才，并将人才优势切实转换成为区域发展优势最为直接有效的方式。因此，成都市各个辖区就会产生人才引进政策的竞争，由此推动政策在同等级辖区之间的邻近扩散。在时间上体现为政策分布时间的连续性和跟随性，这是一种政策模仿行为。而在政策内容上体现为优惠条件的"层层加码"和政策内容的高度趋同。

在政策发布时间的连续性方面，2017年12月，成华区发布了成都市各辖区中首个较为系统的人才引进专项计划《关于实施"成华英才计划"促进人才优先发展的若干政策（试行）》。该计划着力于为成华区引进重点领域的高层次人才，设立了1亿元的人才发展资金，并同时发布了《关于开展"成华英才计划"项目评审认定申报工作的通知》，对符合成华区"文旅成华"战略定位的企业或企业中从事创新创业的各类人才和团队实施补贴。与此同时，成华区也在"蓉城人才绿卡"的基础之上推行了"成华人才绿卡服务"，致力于为各层各类的人才更为精准、全面地提供包含住房、落户、配偶就业、子女入园入学、医疗保健、创业扶持等方面在内的综合服务。受此影响，与成华区毗邻的青羊区、青白江区和龙泉驿区分别于2017年和2018年颁布了各自辖区的人才引进专项系统计划《成都市青羊区"青羊之星"优秀青年人才选拔暂行办法》《"智汇"青白江·产业英才引进计划（暂行办法）》以及《关于实施"龙泉驿英才计划"加快高层次人才聚集的若干政策》。随着政策在空间上的不断扩散，2018年，郫都区发布《"郫都菁英"产业人才计划若干政策》、新都区发布《关于深化"香城人才工程"实施人才优先发展战略的若干意见》、锦江区连续颁布《关于实施"锦绣优才"培养计划的办法》《关于实施"锦遇良才"行动计划的若干政策》以及《关于实施"锦城伯乐"招才引智奖励的办法》三项人才引进专项计划；2019年，新津县发布《新津县引进培育"津英人才"若干政策》；2020年，金牛区发布《关于实施"金牛骄子"人才计划促进人才引领发展的若干措施》。截至2023年，成都市下辖的各区县几乎全部颁布了符合当地经济发展水平和规划战略定位且相对完善的人才引进专项计划。

成都市各辖区所颁布的人才引进政策在内容方面表现为优惠条件的"层层加码"以及政策内容的高度趋同。首先是各辖区人才引进优惠条件的"层层加码"。以成华区实施的"成华英才计划"为例，对国际著名顶尖团队带项目来成华区创新创业，最高可给予 500 万元的项目资助。对符合指定条件的创新型企业家人才带项目、带技术、带资金来成华区创办企业的，最高给予 100 万元的创业启动资金。优先支持校地协同创新成果转化和军民融合发展项目，对具有较强产业化前景和市场化潜力的研发项目，最高给予 50 万元项目研发资助。而新都区实施的"香城人才工程"则为顶尖团队或人才给予最高 500 万元项目资助，对该区资助引进的高层次人才（团队）给予个人最高 150 万元，团队 200 万元的资金资助。而锦江区实施的"锦城伯乐"计划则还会额外给予引才单位最高 20 万元的"引才奖励"、最高 10 万元的"育才奖励"以及最高 50 万元的"协同引才奖励"，以此激发各用人主体引入高层次人才的积极性。由此可见，政策优惠条件，尤其是物质激励是吸引人才最为有效的手段之一。成都市各辖区在政策优惠条件上的"层层加码"一方面反映出当前这些区域对于人才的强烈需求，但在一定程度上，这种行为也可能异化为一种辖区之间的恶性竞争，或演化成为各区、县政府"财力"的竞争。此外，各辖区之间在人才引进政策内容上的相互学习与竞争也同样会导致诸如政策目标、政策工具组合等具体政策内容方面的高度趋同。这一观点会在本书的后半部分进行讨论。

"晋升锦标赛"也是推动成都市各辖区人才引进政策在空间上横向扩散和竞争的重要推动力。晋升锦标赛的优胜者将获得晋升，而竞赛标准由上级政府决定[141]。改革开放以来，我国的晋升锦标赛最为实质的变化就是不再以单纯的 GDP 指标决定地方行政长官的晋升。与此同时，随着我国经济发展阶段的转变以及以人才为核心驱动的发展战略升级，"人才"这一衡量指标也被赋予了更多的政绩意蕴。近年来，中央层面的相关制度安排也在不断地强化这种导向，例如，2016 年，中共中央发布了我国第一个人才发展体制机制改革综合性文件《关于深化人才发展体制机制改革的意见》，同年中共中央办公厅、国务院办公厅先后印发多个文件，进一步加大了人才绩效激励力度，并在党的二十大报告中再次强调了新时代我国深入实施人才强国战略的重要意义，并提出了一系列人才培养的政治要求。而对于成都市各辖区的行政长官和行政人员而言，一方面"人才"已经逐渐成为我国政绩考核的重点所在，另一方面积累人才势能也能够成为当地破解传统增长难题的有力手段。因此，他们无疑会调动一切资源参与到人才的竞争之中，这种晋升锦标赛也会驱动公共政策在空间上的水平扩散。

4.4　成都市人才引进政策演进的政策要素维度分析

4.4.1　政策发文主体协作演进关系分析

政策发文主体是指参与政策制定、执行、监督等过程的组织和团体。政策发文主体不仅是政策系统中的最为显著的能动要素之一，也是划分我国治理模式的重要标准之一。对于成都市人才引进政策发文主体之间协作关系的演进特点进行总结和分析有利于从一个更为动态的角度理解整个政策系统的运行过程。为此，本书根据成都市人才引进政策演进的关键时间节点，运用社会网络分析的研究方法，借助 UCINET 软件，以成都市市一级自 2000 年至 2023 年所颁布的人才引进政策文本为分析对象，可视化地体现三个时间阶段中政策发文主体协作关系的演进特征。

(1) 2000—2010 年：简单松散的协作特征

2000—2016 年是成都市人才引进政策系统的规范探索时期，政策发文主体的协作网络也相应地呈现出简单松散的协作特征，整体协作性偏低，协作广度为 4、协作强度为 0.723。这一阶段协作网络的运行过程更多表现为一种地方政府的"条块关系"。具体而言，这一时期成都市市一级各部门共发文 68 份，主要集中在以下 9 个部门（表 4-5）。其中成都市人力资源和社会保障局以及成都市人民政府的发文量最多，占总体的54.4%。从政策发文主体的协作关系看，这一阶段成都市人民政府及人力资源和社会保障局单独发文的数量较多，和其他部门联合发布的人才引进政策分别只占 15.79％和 12.50％。相较而言，其他部门人才引进政策主要以联合出台为主，其中经济和信息化局以及民政局两部门所颁布的人才引进政策完全由部门联合出台。

表 4 - 5　2000—2010 年成都市各市级部门政策联合出台情况统计

政策出台部门	出台总数	部门联合出台数	联合出台比例（％）
人力资源和社会保障局	19	3	15.79
成都市人民政府	16	2	12.50
财政局	5	3	60.00
教育局	5	2	40.00
就业工作领导小组办公室	7	6	85.71
发展和改革委员会	6	4	66.67
经济和信息化局	1	1	100
民政局	3	3	100
科学技术局	6	5	83.33

为更直观地体现这一时期各部门之间的协作关系，本书运用 UCI-NET 软件绘制政策主体合作网络关系图（图 4 - 6）。由此可以得出以下结论：首先，这一阶段成都市人才引进政策的出台是以人力资源和社会保障局以及成都市人民政府为主导，其他部门起协同配合作用；其次，这一阶段成都市人才引进政策的参与主体相对较少，政策涉及的主要方面也以经济和科教领域为主；最后，这一阶段各部门之间虽然联合发布政策的比例较高，但数量较少，且协作模式较为单一，主要以双部门为主，其中发展和改革委员会以及教育局在整个协作网络中处于核心地位，是联合发文的主体。

（2）2011—2016 年：多元均衡的协作特征

在规范探索期后，成都市人才引进政策系统得以初步构建，使得人才引进政策能够深入到地方政府人才工作中更为广泛的领域。在这一阶段中，中央政府对于人才工作的重视程度也得到了进一步提升，相关人才政

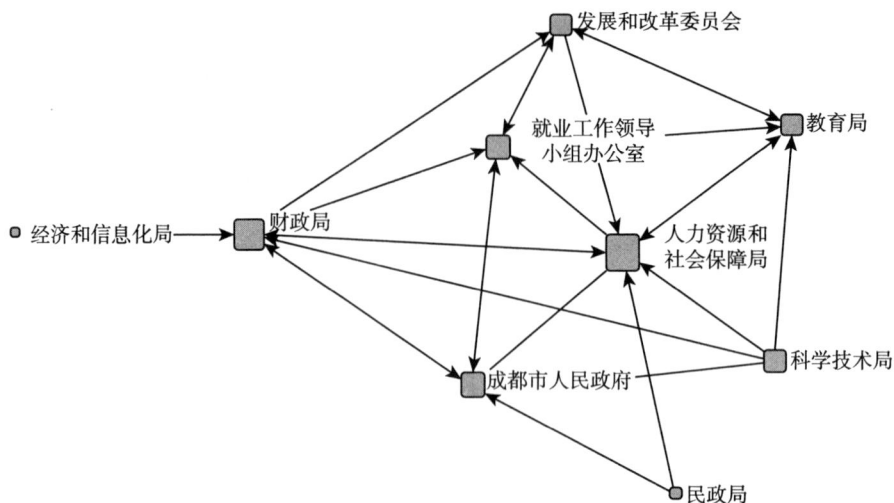

图 4 - 6 2000—2010 年成都市人才引进政策发布部门社会网络分析

策的连续出台也推动了地方政府的积极响应，人才引进工作与地方政府治理和经济发展的融合程度进一步加深。因此，在这一阶段，成都市市一级部门所发布的人才引进政策数量虽然有所减少，共发布 58 份，但参与其中的政策发文主体数量显著提升（表 4 - 6），政策发布主体之间协作关系的广度和深度也得到了进一步提升，协作广度为 15、协作强度为 0.98。具体而言，成都市人力资源和社会保障局以及成都市人民政府的发文总数有所下降，但其在政策发文主体中的主导地位并未发生改变。此外，上述两部门联合出台政策的比例相较于上一阶段有了显著的提升，分别占46.15％和28.57％，教育局和财政局联合出台政策的比例相较上一阶段有所下降。

表 4 - 6 2011—2016 年成都市各市级部门政策联合出台情况统计

政策出台部门	出台总数	部门联合出台数	联合出台比例（％）
人力资源和社会保障局	13	6	46.15
成都市人民政府	14	4	28.57

（续）

政策出台部门	出台总数	部门联合出台数	联合出台比例（%）
财政局	6	2	33.33
教育局	4	1	25.00
就业工作领导小组办公室	2	2	100
发展和改革委员会	1	1	100
经济和信息化局	3	2	66.67
规划和自然资源局	1	1	100
住房和城乡建设局	2	2	100
民政局	3	3	100
国有资产和监督委员会	1	1	100
机关事务管理局	1	1	100
金融监督管理局	1	1	100
中国人民银行成都分行	1	1	100
医疗保障局	2	2	100
住房公积金管理中心	3	2	66.67

由图 4-7 可知，这一阶段成都市人才引进政策发文主体协作网络初步显示出了高强度、高广度以及多元均衡的特点。首先，财政局在这一阶段的协作网络中处于中心地位，与其他部门协作发文的比重最高。表明这一阶段成都市各部门所颁布的人才引进政策在内容方面更加侧重于经济领域。中国人民银行成都分行、金融管理局等部门在这一阶段参与到人才引进政策出台的行列之中也能从侧面印证这一观点。其次，这一阶段成都市人才引进政策发文主体所涉及的领域也呈现出多元化的特点，延伸至诸如环保、住房、城乡发展、医疗等方面。最后，这一阶段成都市人才引进政策发文主体的协作关系突破了传统的双部门协作模式，开始涌现出多部门联合发文的新模式。

（3）2017—2023 年：高广度、低强度的协作特征

这一阶段中，成都市人才引进政策发文主体的数量得以显著增加，其中成都市人力资源和社会保障局以及成都市人民政府依然是政策发文的主

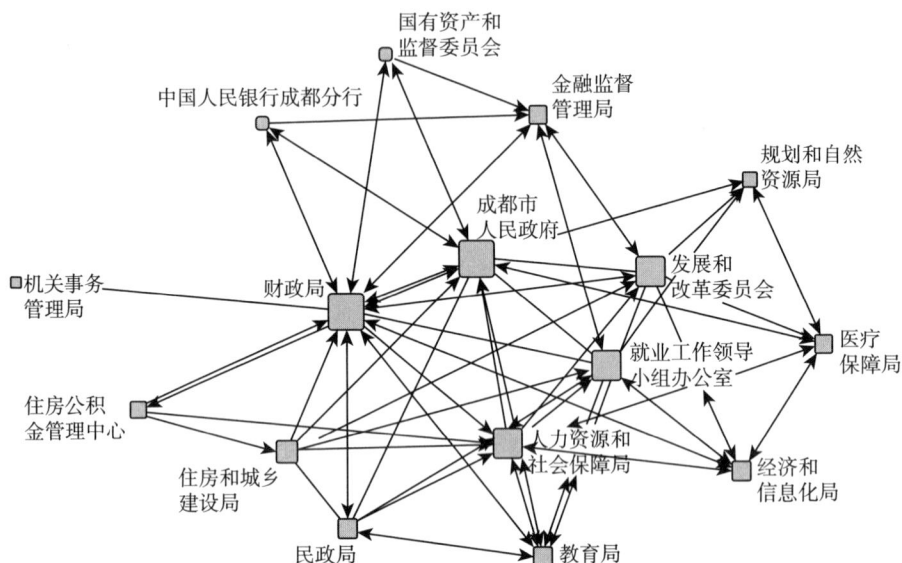

图 4-7　2011—2016 年成都市人才引进政策发布部门社会网络分析

体，发文数量及联合政策出台的比例相较于上一阶段未发生显著变化（表 4-7）。此外，这一阶段成都市人才引进政策发文主体的协作广度呈现出增强的趋势，达到 19，但是协作强度却相对减弱，为 0.81。其原因在于，在政策的精准发展时期，地方政府各部门在人才引进工作中的独立性开始提升，诸如体育局、计划生育委员会、老龄工作委员会办公室等部门均在市政府或人力资源保障局的牵头下出台了与之相关的人才引进政策。因此，这种协作强度的减少既是成都市人才引进政策注意力进入广泛、多元民生应用领域的表现，也是由不同政策发文主体之间职能的具体差异所致。

表 4-7　2017—2023 年成都市各市级部门政策联合出台情况统计

政策出台部门	出台总数	部门联合出台数	联合出台比例（%）
人力资源和社会保障局	17	8	47.06
成都市人民政府	10	3	30.00

（续）

政策出台部门	出台总数	部门联合出台数	联合出台比例（%）
财政局	4	3	75.00
教育局	3	2	66.67
就业工作领导小组办公室	4	2	50.00
发展和改革委员会	4	2	50.00
经济和信息化局	4	3	75.00
规划和自然资源局	2	2	100
住房和城乡建设局	2	2	100
民政局	2	1	50.00
国有资产和监督委员会	1	1	100
机关事务管理局	1	1	100
金融监督管理局	1	1	100
中国人民银行成都分行	1	1	100
医疗保障局	1	1	100
住房公积金管理中心	2	2	100
体育局	2	1	50.00
卫生和计划生育委员会	1	1	100
老龄工作委员会办公室	1	1	100
科学技术局	2	1	50.00
农业委员会	1	1	100
市委组织部	4	2	50.00
公安局	5	5	100
商务委员会	2	2	100
投资促进委员会	1	1	100
外事侨务办公室	1	1	100
税务局	2	2	100

　　如图 4-8 所示，首先，这一阶段成都市人才引进政策发文主体协作
网络中成都市人民政府与人力资源和社会保障局的主导地位再次被凸显，
与其他部门联合发文的数量显著提升。其次，协作网络所涉及的主体更为

多元，包含商务委员会、投资促进委员会、外事侨务办公室等部门也相继出台了其领域中针对性较强的人才引进政策。其协作关系变迁也与成都市整体人才引进政策在这一时期"精准发展"的特点同步推进。最后，在这一阶段的部门协作网络中，成都市公安局与其他部门联合发文的比例显著增长。通过对具体政策条例的分析可知，这一行政部门在人才引进工作中主要负责的是人才落户、家属随迁等户籍方面的具体事务。在一定程度上能够表明，在这一阶段成都市人才引进政策的政策注意力分配格局得到了优化，引进人才的户籍管理得到了重视。

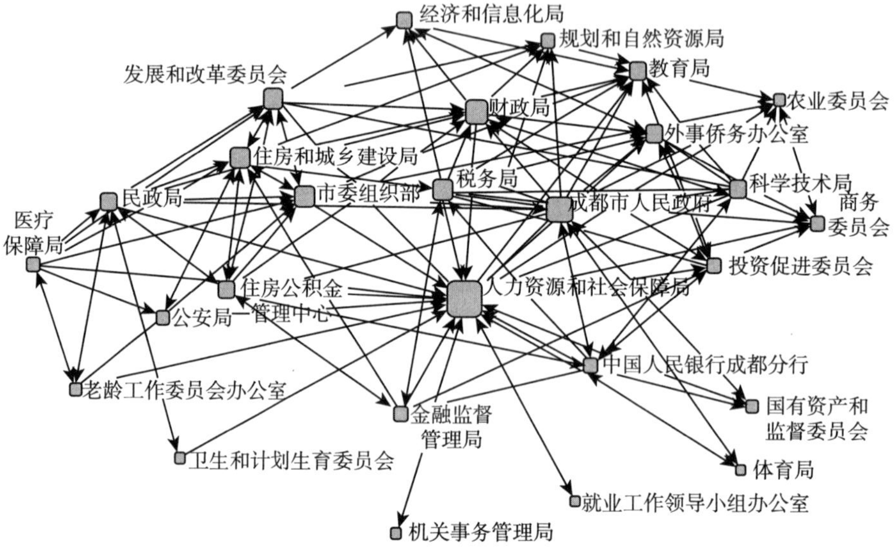

图 4-8　2017—2023 年成都市人才引进政策发布部门社会网络分析

4.4.2　政策工具演进分析

(1) 政策工具的分类

本书基于 Rothwell 和 Zegveld 的思想，将成都市人才引进政策所采用的政策工具分为供给型政策工具、环境型政策工具以及需求型政策工具 3 类（表 4-8）。其中，供给型政策工具是指政府通过直接或间接的形式对于人才提供包括信息、技术、资金、培训等方面的支持，从而促进其更好地开展工作及创新活动，更多地表现为对人才引进活动的推动力，具体包括教育培训、信息支持、基础设施建设、资金投入以及公共服务供给。环境型政策工具是指政府通过各种方式以影响人才工作或创新活动的环境因素，从而通过为其营造良好的政策外部环境以提升当地对于人才的吸引力，更多地表现为对人才引进活动的拉动力。具体包括目标规划、法律法规、财务金融、税收政策以及策略性措施等。需求型政策工具是指政府通过各种方式来减少诸如市场的不确定性、贸易管制以及经营性壁垒等不利外部因素，从而促进人才创新创业活动的稳定与繁荣发展。具体包括政府采购、服务外包、贸易管制以及海外机构等。

表 4-8 成都市人才引进政策工具的分类及含义

政策工具类型（主类目）	工具名称（次类目）	政策工具含义
供给型	教育培训	为人才提供科研、创新和创业工作中所需的继续教育和培训
	信息支持	通过建立人才信息库、人才需求库等措施为其提供相应的信息服务
	基础设施	为人才提供诸如实验室设备、公共平台、办公场地及住房
	资金投入	为人才直接提供资金用以扶持科研开发、企业创建等活动
	公共服务	为人才工作的顺利开展提供必需的相关配套服务
环境型	目标规划	政府就人才引进、培育、成果转化等方面所要实现的短期目标、长期愿景等所做的量化指标和定性的描述
	法规规制	政府提供诸如行业标准、合同关系、产权保护等方面的措施以优化人才工作、创新政策环境
	财务金融	为人才在融资、贷款、贴息、风险投资等方面提供便利和优惠
	税收优惠	为人才提供研发减免、个人减免、税收补贴、税收优惠等
	策略性措施	为配合人才发展的需要所出台的诸如落户政策、社保政策、子女入学、家属随迁等政策措施
需求型	政府采购	政府通过直接或间接的形式购买或消费引进人才、企业所生产的各种形式的产品或服务

（续）

政策工具 类型 （主类目）	工具名称 （次类目）	政策工具含义
需求型	服务外包	政府将相关项目委托给所引进的人才、团队或企业以促进其进一步发展
	贸易管制	政府出台相关进出口管制措施以促进引进人才或企业的发展
	海外机构	政府出台相关政策推动人才或企业开展国际合作、国际贸易

（2）成都市人才引进政策工具的量化分析

本书首先对所收集到的成都市市一级在 2000 年至 2023 年所颁布的人才引进政策文本进行筛选，将与政策工具相关的文本作为研究对象，运用 Rost Content Mining 6.0 对其特征词及其频数进行统计，共得到 2 001 个特征词。根据频数取前 50 位的特征词汇，并将其归纳至次类目和主类目之中（表 4 - 9）。

表 4 - 9　2000 年至 2023 年成都市人才引进政策工具特征词频数统计

特征词	次类目	主类目	频数（%）	特征词	次类目	主类目	频数（%）
创新	目标规划	环境型	5.17	指导思想	目标规划	环境型	5.25
创业	目标规划	环境型	4.12	标准	法规规制	环境型	2.12
发展	目标规划	环境型	2.13	申报流程	法规规制	环境型	1.97
产业	目标规划	环境型	0.86	主要任务	目标规划	环境型	2.92
专利	法规规制	环境型	0.52	发展环境	公共服务	供给型	0.31
成果转换	法规规制	环境型	0.36	素质提升	教育培训	供给型	0.56
补贴	财务金融	环境型	2.12	培养工程	教育培训	供给型	0.12
基地建设	基础设施	供给型	0.37	保障工程	策略性措施	环境型	0.11
落户	策略性措施	环境型	1.12	领导体制	法规规制	环境型	0.64
贴息	财务金融	环境型	2.20	运行机制	法规规制	环境型	0.53
住房	基础设施	供给型	3.12	考评体系	法规规制	环境型	0.37
优惠	税收优惠	环境型	6.12	委托	服务外包	需求型	0.13
减税	税收优惠	环境型	4.12	认定	法规规制	环境型	0.34

（续）

特征词	次类目	主类目	频数（％）	特征词	次类目	主类目	频数（％）
进出口	贸易管制	需求型	0.45	贷款	财务金融	环境型	2.11
家属	策略性措施	环境型	0.78	外包	服务外包	需求型	0.07
社会保障	策略性措施	环境型	3.31	税收优惠	税收优惠	环境型	1.27
奖励	资金投入	供给型	3.45	税收补贴	税收优惠	环境型	2.01
培训	教育培训	供给型	3.56	人才信息库	信息支持	供给型	0.19
技能	教育培训	供给型	1.03	政府购买	政府采购	需求型	0.04
资助	资金投入	供给型	4.01	国内外合作	海外机构	需求型	0.01
留学	教育培训	供给型	0.24	医疗	公共服务	供给型	1.25
子女	策略性措施	环境型	0.32	保险	公共服务	供给型	3.21
产权	法规规制	环境型	0.23	经费	资金投入	供给型	4.17
教育	教育培训	供给型	0.51	队伍素质	法规规制	环境型	0.22
战略目标	目标规划	环境型	3.14	国际贸易	海外机构	需求型	0.05

由此可见，成都市人才引进政策在政策工具的选择上涵盖了供给型工具、环境型工具和需求型工具 3 类，共覆盖 14 项具体政策工具。多维政策工具的组合为成都市实现良好的人才引进效果提供了全面支持，但依然存在着整体应用不均衡的现象。

成都市人才引进政策在政策工具的选择和组合上具备以下 3 个特点：第一，供给型政策工具的应用最为广泛，整体应用比例达到 50.47％，但是其内部具体政策工具的分配比例并不平均。其中资金投入、公共服务以及基础设施的占比较高，分别达到 36.15％、23.41％以及 21.95％。信息支持和教育培训所占比重较小。这表明，成都市人才引进政策多采用直接供给的形式，通过持续的资金投入助力人才工作和创业活动的开展。此外，成都市对于人才的公共服务供给以及基础设施的外部环境建设和优化较为重视。但对于通过教育培训来进一步为所引进的人才赋能，从而激发其更大的潜力这一环节重视程度不够。与此同时，为人才及用人主体所提供的信息供给力度还有待进一步提升，人才信息库、人才需求库等信息平台的建设有待完善。

第二，环境型政策工具的应用较为适中，整体应用比例达到43.91％。其内部具体政策工具的应用分配比例也较为平均，其中策略性措施工具的应用最为广泛。由此可见，成都市人才引进政策在环境型政策工具的应用中一方面致力于通过完善整体性、宏观性、具有指导意义的目标规划和整体战略以指导具体政策的出台及政策系统的发展；另一方面，也通过完善法规规划为成都市人才引进政策的合法性和合理性发展奠定基础。同时，在提升人才吸引力层面，成都市在不断完善财务金融和税收优惠政策工具，不仅为人才、团队或企业在融资、贷款、贴息、风险投资等方面提供便利，也为其提供研发减免、个人减免、税收补贴以及税收优惠等。在优化人才引进环境的环节中，成都市也通过人才落户、社会保障、子女入学、家属随迁等策略性政策工具的使用实现上述目标。

第三，需求型政策工具的应用最少，仅占总量的5.4％，相较于供给型和环境型政策工具而言，对成都市人才引进工作的推动力较弱，为后续相关政策的出台留有了一定的空间。其中，服务外包和政府采购两种具体政策工具的应用最为广泛，占比分别为45.91％和40.12％，贸易管制和海外机构的应用较少，占比分别为3.81％和10.16％。需求型政策工具的应用比重不高一方面表明成都市在人才引进工作中坚持以市场规律和人才自由流动规律为导向，在政策工具的应用中尽量不运用诸如贸易管制等强制性、行政性的政策工具或手段。但另一方面，需求型政策工具的应用不足可能会导致人才在日常工作、创新创业以及成果转化等各个环节面临各种不利因素的干扰，从而影响其人才引进政策的实施效果。

（3）成都市人才引进政策工具的演进

成都市人才引进政策在政策工具应用上的演进过程呈现出环境型政策工具的应用比例逐渐减少，供给型、需求型政策工具的应用比例逐渐上升的特点。

本书根据前面的时间划分，统计了成都市在3个阶段中所应用政策工具的类型比例。统计发现，在 2000—2010 年期间，成都市在人才引进政策工具的选择上主要以环境型政策工具为主，占比达到 60.42%；对供给型政策工具的应用适中，达到 38.15%；而对需求型政策工具的应用则仅为 1.43%（图 4-9）。这一阶段成都市人才引进政策正处于规范探索时期，整个政策系统尚未明确人才引进的指导思想及战略目标，相关法律法规对于人才引进的支撑作用也尚不明显。所以在这一阶段，主要应用环境型政策工具，尤其是目标规划和法规规制两大具体工具。其目的一方面就是要明确成都市人才引进政策的战略目标和长期规划。2010 年，成都市政府发布的《成都市中长期人才发展规划纲要（2010—2020 年）》就以量化指标的形式阐明了成都市在未来一段时间内人才工作的基本目标。另一方面则是要通过相关政策的出台提升法律法规对人才政策的支撑作用。2003 年成都市人民政府办公厅发布《成都市关于加强专利保护进一步加快我市人才资源向人力资本转变的意见》中明确指出要"加大专利保护力度、严格依法行政、加强专利行政执法工作。根据国家《专利行政执法办法》规范工作程序。"也是通过应用法规规制的政策工具来保障引进人才的工作成果，为创新创业活动营造良好的外部环境。

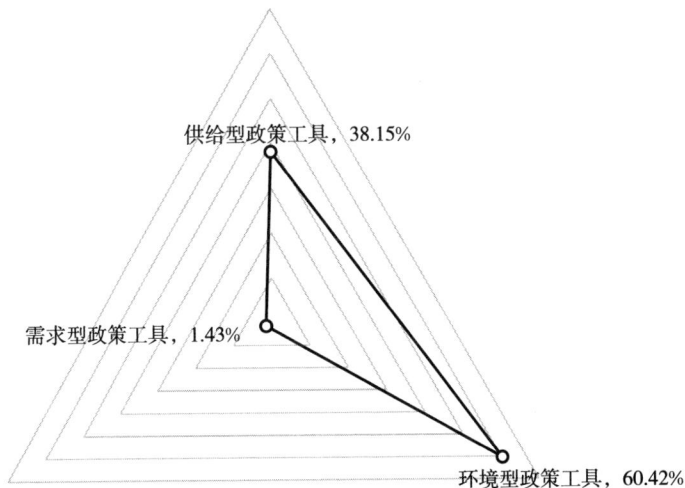

图 4-9　2000—2010 年成都市人才引进政策工具应用比例

2011—2016 年成都市人才引进政策正处于深化推进时期，随着政策宏观指导方针以及发展目标的确立，相应环境型政策工具，尤其是目标规划和法规规制等具体政策工具的应用比例有所下降，对于环境型政策工具的选择主要集中于财务金融、税收优惠以及策略性政策工具的选择上（图 4-10）。一方面通过诸如税收优惠、贷款减免等方式促进人才工作创新的顺利开展，从而提升对人才的吸引力；另一方面，通过完善配合人才发展所需的各种辅助政策来帮助其解决诸如落户、子女入学、家属随迁等方面的后顾之忧。2015 年，成都市委联合其他 7 个部门发布《关于为来蓉外籍高层次人才提供签证证件及停留居留便利的通知》，启动"一站式服务"试点工作，将本市二次签注的时间缩短为 5 个工作日，为海外及港澳台地区高层次人才来蓉提供了切实便利。成都市在这一阶段供给型政策工具的选择上，通过采用基础设施和公共服务的政策工具营造有利于人才工作、创新、创业的外部环境，从而提升对人才的吸引力。2012 年，成都市政府和成都市人力资源和社会保障局联合发布《"成都人才计划"引进人才享受特定工作及生活待遇的若干规定》，从出入境与居留、落户、医疗、社保、住房公积金等方面为人才切实提供多样、便利的公共服务。此外，信息支持这一具体政策工具在这一阶段中的应用也较为广泛，人才引进工作中信息化水平的提高不仅有利于用人主体与引进人才之间的即时交流与沟通，也能够为人才市场中的供需双方提供详尽的清单，有利于提升人才的引进和利用效率。2016 年，成都市委办公厅发布的《成都市引进高层次创新创业人才实施办法》中指出要建立高层次创新创业人才信息库，加强与高层次创新创业人才的联系，形成追踪服务和沟通反馈机制。

2017 年后，成都市人才引进政策在政策工具的应用上相较前一阶段变化并不显著，依然是以供给型和环境型政策工具为主，需求型政策工具的应用比例在持续增加，但总体占比依然较少（图 4-11）。这一阶段成都市人才引进政策工具的应用有以下两个特点。首先是需求型政策工具中海外机构这一具体工具的应用较为广泛。正如前文所述，成都市在人才引

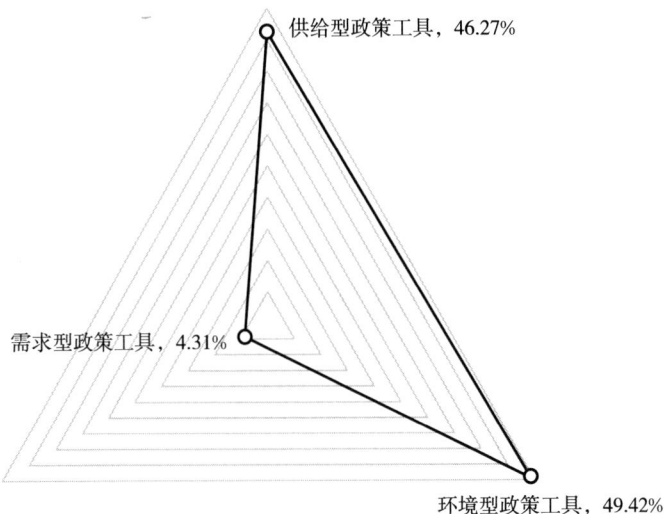

图 4 - 10　2011—2016 年成都市人才引进政策工具应用比例

进政策需求型工具的选择上较少采用诸如贸易管制等直接干预性政策来促进人才工作的良性开展，而海外机构这一具体政策工具指的是通过相关政策的出台来推动人才或企业开展国际合作和国际贸易。这种政策工具也同时具备教育培训的供给型政策工具的特征，国际合作是其最常见的形式。例如，2019 年成都市委办公厅发布《成都市引进培育大数据人才实施办法》中指出，"定期组织大数据人才前往全球大数据创新尖峰区域、知名企业学习借鉴发展思路、经营理念和管理模式，在技术创新、交流合作、市场资源上充分对接。"2020 年，《成都市产业生态圈人才计划实施办法》出台，指出要定期选派计划入选者到国外知名大学、研究机构和企业开展学习考察，优先支持入选者参加国际重要学术交流活动、赴外研修访问。其次是地方政府与高等院校联合促进人才引进和培育模式逐渐兴起。高等院校作为人才的重要集聚高地以及科技创新的前沿阵地，与政府部门联合培养、引进人才的模式不仅有利于高校及时了解当地政府的产业布局，在课程设置及培养方案中充分考虑本区域经济发展与产业发展对于人才的需求特点，也能够充分发挥高校在科技创新方面的领跑优势，并借助政府平台将这种优势切实转化为区域的人才优势。然而，"政校联动"的人才培养和引进模式在政策工具的层面很难被简单地归纳至某一类单一的政策工具之中，而是更多地体现为多种具体政策工具的结合。2017年后，成都市人才引进政策中对于这一模式的重视程度也日益深化。2020年，《中国西部（成都）科学城人力资源协同创新行动计划》发布，指出要推动人才创新成果从"书架"搬上"货架"，按照"一院一校一策"给予综合支持，鼓励在蓉高校院所、企业创建国家级研发中心、产学研联合实验室，推动实现更多的技术突破。2023年，《成都市建设全国人才创新高地五年行动计划》发布，再次强调要"进一步发挥高校集聚的优势，在产学研方面下足功夫；进一步深化政校合作，为人才引进工作提质增量。"

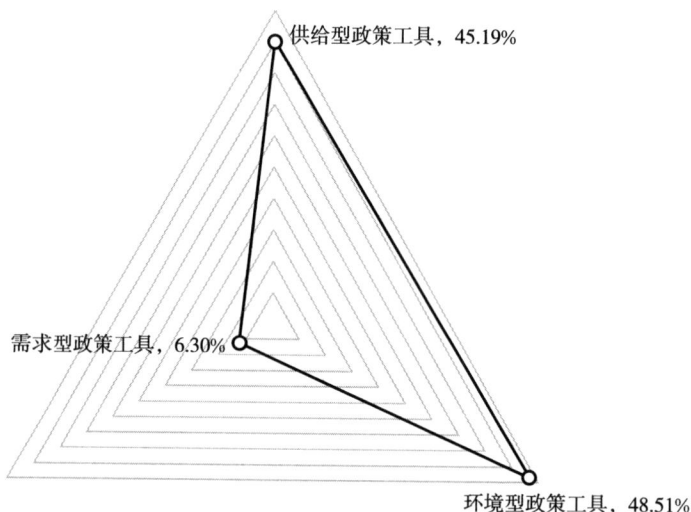

图4-11 2017年至2023年成都市人才引进政策工具应用比例

4.4.3 政策焦点演进分析

为进一步厘清成都市人才引进政策关注焦点的演进规律，本书用扎根理论的研究方法，运用 NVivo 软件对所收集到的政策文本进行逐字逐句编码。在开放性编码环节中共生成 2 176 个概念；在人工剔除与研究主题关联性不强的概念后，对上述概念进行主轴编码，将其进一步归纳为 39 个次要范畴，分别为：旗帜引领、工作原则、发展方针、遵循规律、工作重点、资源总量、队伍素质、创新能力、环境建设、人才贡献、职称要求、学历要求、贡献要求、行业需求、领域需求、产业需求、产业人才、各类人才、创新创业、成长成才、公共服务、宜居宜业、奖励政策、发展政策、保障政策、党政队伍人才引进、海内外高层次人才引进、高科技人才引进、高技能人才引进、专业技术人才知识更新、文化名家引进、高素质教育人才引进、健康卫生人才引进、现代农业人才引进、领导体制、运行机制、考评体系、发展基础。并在此基础上将其归纳为 8 个主范畴：指导思想、战略目标、引进标准、引进对象、环境建设、优惠政策、人才工程、体制机制。最后，在选择性编码的环节中，进一步将这 8 个主要范畴归纳为 3 个核心范畴，即成都市人才引进政策所关注的焦点所在：规范确立、需求导向、协调发展（表 4 - 10）。

将预留的 20 份政策文本重新进行编码后，并未产生全新的概念及范畴。与此同时，将 3 位编码员的编码结果进行对比后发现，整体一致性超过 75%，表明通过扎根所得到的概念和范畴通过了饱和性检验。

由此可知，成都市人才引进政策焦点在横向时间轴上的演进趋势并不明显。其原因在于政策的发展是一种受政策系统内外部各种因素影响而进行全面演进与嬗变的过程。这一过程并非孤立存在的，而是政策系统各综合要素全面发展的[142]，并不能通过某一个政策焦点的单独发展而达到构建、完善整个政策系统的目的。故在该节内，本书将跳出传统时间维度，根据成都市人才引进政策的内容以及客观发展规律将政策焦点的演进分为三大阶段，以此阐释其演进逻辑及潜在动力。

表 4 - 10　基于扎根理论的成都市人才引进政策焦点编码过程

核心范畴	主范畴	次要范畴	概念
规范确立	指导思想	旗帜引领	中国特色社会主义

（续）

核心范畴	主范畴	次要范畴	概念
规范确立	指导思想	思想指导	邓小平理论
			"三个代表"重要思想
			科学发展观
		工作原则	党管人才
			尊重劳动
			尊重知识
			尊重人才
			尊重创造
			产业导向
			高效协同
			市场需求
			区域导向
		发展方针	服务发展
			人才有限
			以用为本
			创新机制
			高端引领
			整体开发
		遵循规律	社会主义市场经济规律
			人才成长规律
		工作重点	引进高层次、高技能人才
			开展人才引进工程
			统筹推进各类引进人才队伍建设
			打破常规培养引进人才
			加快建设人才强市
			深入推进城乡一体化
			建设世界现代田园城市
	战略目标	资源总量	303.0万人、425.0万人
		队伍素质	高技能人才占人才引进总量比例
			引进人才受过高等教育的比例
		创新能力	研发人员数量占引进人才总量比例
		环境建设	人才引进投资占成都市生产总值比例
		人才贡献	引进人才对成都市经济增长的贡献率

（续）

核心范畴	主范畴	次要范畴	概念
需求导向	引进标准	职称要求	正高级职称
			副高级职称
			中级职称及以上
		学历要求	大专及以上
			普通全日制大学本科及以上
			硕士研究生及以上
			博士后
		贡献要求	诺贝尔奖获得者
			图灵奖获得者
			菲尔兹奖获得者
			国家（省）最高科学技术奖获得者
			中国（省）青年科技奖获得者
			国家（省）自然科学奖获得者
			国家（省）技术发明奖获得者
			中华（省）技能大奖获得者
			省科学杰出贡献奖获得者
		行业需求	教育行业
			卫生行业
			文化行业
			体育行业
		领域需求	大运会
			"东进"区域建设
			生产性服务业
			乡村振兴
			TOD
			自贸区建设
			社会治理
			总部经济
		产业需求	集成电路
			新型显示

（续）

核心范畴	主范畴	次要范畴	概念
需求导向	引进标准	产业需求	高端软件
			创新药
			高端医疗器械
			航空发动机
			工业无人机
			轨道交通
			新能源汽车
			新型材料
			大数据产业
			人工智能
			金融业
			会展业
			物流业
			文创业
			旅游业
			现代种业
			绿色食品
			绿色低碳产业
	引进对象	产业人才	高新技术产业人才
			现代服务业人才
			现代制造业人才
			现代农业人才
			战略性新兴产业人才
		各类人才	党政人才
			企业经营管理人才
			专业技术人才
			技能人才
			农村实用人才
			社会工作人才

（续）

核心范畴	主范畴	次要范畴	概念
协调发展	环境建设	创新创业	加大知识产权宣传普及
			加大知识产权保护力度
			完善知识产权归属机制
			完善知识产权利益分享机制
			保护科技成果创造者的合法权益
			完善非物质文化遗产传承人知识产权保护相关措施
			完善知识产权、技术等作为技术参股的措施
			建立人才资本及科研成果有偿转移制度
			完善科研管理制度
			制定科研机构、高校科技人员创办科技型企业的激励保障办法
			促进知识产权质押融资、创业贷款等业务的规范发展
			完善支持人才创业金融政策
		成长成才	推进统筹城乡教育综合改革试验区建设
			完善国民教育体系
			完善终身教育体系
			构建人才培养开发机制
			加强与教育机构的交流与合作
			推动全民终身学习
			建设"人才特区"
			统筹体制内外各类人才引进、培养、评价标准
			调整规范各类人才奖项设置
			建立多层次的人才奖励体系
		公共服务	完善人才管理运行机制
			规范行政行为
			简政放权
			减少和规范行政审批和收费事项
			引导人才合理流动
			建立城乡一体人才服务网络
			健全人才市场服务体系

（续）

核心范畴	主范畴	次要范畴	概念
协调发展	环境建设	公共服务	制定人才补充保险办法
			扩大各类人才社会保障覆盖面
		宜居宜业	狠抓生态文明建设
			着力构建现代城市与现代农村和谐相融
			着力构建新型城乡形态
			以"自然之美"吸引海内外人才到成都创业发展
			实施人才安居工程
			多渠道新建、筹措公共租赁住房
			对高层次人才实施住房资助
			建设社区、医院、学校等配套措施
			深化规范化服务型政府建设
			保护人才合法权益
			树立以业绩为取向的人才价值观
			大力培育创新文化
	优惠政策	奖励政策	提供补贴
			岗位薪酬
			税收优惠
		发展政策	职务聘用
			职称评定
			项目支持
			融资支持
			荣誉表彰
		保障政策	落户及户籍
			社会保险
			医疗保健
			子女入学
			配偶工作
			家属随迁
			住房保障

（续）

核心范畴	主范畴	次要范畴	概念
协调发展	人才工程	党政队伍 人才引进	畅通党政机关干部进口
			大学本科及以上学历的干部达到 85% 及以上
			35 岁党政机关干部不低于 30%
			实施党政机关干部上挂下派工程
			推进党政机关重要岗位干部定期交流
			拓宽党政领导人才来源渠道
			完善从企事业单位和社会组织选拔党政领导人才制度
			打破人才身份、单位、部门限制
			加大党政人才引进力度
			统筹城乡科学发展要求和党政干部成长规律
			开展大规模党政干部教育培训
			加快党政干部知识结构转型升级
		海内外高层 次人才引进	在重点产业、新兴产业和社会发展重点领域
			突破关键技术
			发展高新技术产业
			带动新兴学科
			建设国家级海外高层次人才创新创业基地
		高科技 人才引进	在重点产业和科研领域建设科技创新载体
			重点资助产学研结合的高科技创新人才团队
			建设创新人才培养示范基地
			打造中西部领先、国内一流的高科技创新团队
			建设以高科技创新型领军人才为主体、中青年 科技创新人才为后备的高科技创新型人才队伍
		高技能 人才引进	以实施大企业大集团战略为依托
			在重点产业等领域引进具有国际知名度的企业家
			引进在国内具有影响力的企业家
			引进国内同行业中处于领先水平的企业家
		专业技术人 才知识更新	新增一批省部级以上重点学科、 实验室、博士后科研工作站
			在重点领域开展大规模知识更新继续教育

（续）

核心范畴	主范畴	次要范畴	概念
协调发展	人才工程	文化名家引进	造就一批宣传思想文化领域的杰出人才
			更好地推动宣传思想文化工作
			进一步提升成都市文化软实力
			重点扶持、资助一批文化名家承担重大课题、重点项目等活动
		高素质教育人才引进	实施教育名师培养工程
			采取研究培训、学术交流、项目资助、名师工作室等方式重点培养教学骨干
			引进教育专家、特级校长、学科带头人、特级教师等教学骨干
		健康卫生人才引进	加强高层次卫生领军队伍建设
			加强公共卫生人才队伍和基层卫生人才队伍建设
			引进一批全国知名的医学专家和创新团队
			促进城乡卫生人才协调发展
			引进学科带头人、培养后备公共卫生人才
		现代农业人才引进	对引进的农业科研人才给予科研专项经费支持
			组织引进的农业技术推广人才开展技术交流、学习研究等活动
			引进农业生产经营管理和市场营销人才
	体制机制	领导体制	坚持党管人才原则
			发挥各级党委在人才引进中的领导核心作用
			切实履行管宏观、管政策、管服务的职责
			不断创新人才引进的领导方式
			完善人才引进工作领导体制
			构建统分结合、协调高效、优势互补、整体联动的人才引进工作格局
			各级各部门党政主要负责人要树立强烈的人才意识
			各级人才引进工作领导小组要充实强化工作职能
			完善人才引进工作制度
			建立科学的决策机制
			建立人才引进工作协调机制和监督落实机制

（续）

核心范畴	主范畴	次要范畴	概念
协调发展	体制机制	运行机制	组织部门牵头抓总作用
			创新牵头抓总的方法
			遵守权责统一、分类管理的原则
			科学划分党政有关部门的人才引进工作职能
			各党政有关部门统筹本部门、本行业人才引进作用
			行政政府引导、用人单位主导、社会广泛参与的人才引进良好格局
		考评体系	研究制定符合科学发展观要求的人才引进工作考核办法
			完善"党政一把手抓第一资源"目标责任制
			提高各级党政领导班子综合考核指标体系中人才引进专项考核的权重
			实行引进人才发展状况监测评估制度
			将人才引进纳入经济社会发展统计体系
			逐步开展区（市）县和主要行业、系统人才发展状况定期统计
			形成科学化、社会化的人才引进和发展评价机制
		发展基础	加强各级人才引进工作机构建设
			在区（市）县设立人才引进工作专门机构
			在人才引进工作机构中做到编制到位、人员到位、经费到位
			加强人才引进工作队伍建设
			开展经常性的业务技能培训
			提升人才引进工作者的理论水平和工作能力、创新能力
			建立健全人才引进工作的资金保障机制
			加强人才引进工作信息化建设
			大力整合人才引进工作研究力量
			广泛开展人才引进工作发展理论研究和政策研究
			各区（县）各部门要制定实施本地区、本系统、本行业的人才引进发展规划
			形成上下衔接的人才引进规划体系
			努力推动形成人才引进规划实施的浓厚氛围

(1) 规范确立：紧贴国家战略，政策规范趋于健全

随着人才工作被逐渐提升至国家战略层面以及各种人才引进政策的相继出台，成都市也开始制定相应的人才引进政策，我国引进人才工作上下联动的良好格局也逐渐形成。这一阶段，成都市人才引进政策焦点主要表现为明确人才引进政策的指导思想、制定战略目标等政策规范的探索与建立，整体呈现出"配套性"的特征，即紧贴国家层面的人才引进政策。

在政策的指导思想上，成都市人才引进政策紧跟国家战略，以邓小平理论和"三个代表"重要思想为指导原则。与此同时，也确立了"党管人才"的基本原则以及"服务发展、人才优先、以用为本、创新机制、高端引领、整体开发"的人才引进方针。在具体政策目标的确立上，成都市也在国家层面战略的基础上，结合自身"建设中西部地区人才高地，成为中西部领先、全国一流的人才强市"的战略目标，规划了包括人才引进总量、引进人才队伍素质、引进人才创新能力、人才引进环境建设以及引进人才贡献要求等一系列具体的、能够量化的政策目标。

这一阶段成都市人才引进政策焦点的"适配性"主要表现为政策的适应性与特殊性相结合。一方面，在指导思想、基本原则和方针等人才引进政策基本规范的确立上确保与国家宏观政策相统一；另一方面，也根据自身区域的经济社会发展水平、产业布局以及战略定位等客观实际制定了具体的人才引进政策的目标，体现出了一定程度的特殊性与差异性，人才引进政策的规范趋于健全。

(2) 需求导向：注重统筹协调，凸显用人主体需求

在政策基本规范逐渐明确后，成都市人才引进政策焦点开始转移至统筹协调人才自身需求及用人主体需求上。随着相关政策的不断完善与发展，用人主体在人才引进工作中的主导作用开始凸显。在此基础上，成都市人才引进的标准和对象也进一步得以明确，精确性得到很大的提升，整体呈现出需求导向的特征。

2008 年中央人才工作协调小组发布《关于实施海外高层次人才引进

计划的意见》第九条中明确指出"用人单位是人才引进和使用的主体，负责提出人才的需求、推荐拟引进人选、建设工作平台、安排岗位职务、落实配套政策等人才引进的具体工作。"这表明，用人主体在人才引进的工作中具有无可取代的主体性优势[143]。2008 年，成都市人事局首次发布《成都市人才开发指引》（成都人才白皮书），根据用人主体的需求，尤其是重点产业和行业的引才需求编撰了岗位需求清单。这标志着成都市人才引进政策的焦点正逐渐转移至人才的需求侧。一方面，进一步细化了人才引进的标准，不再以单一的学历、职称或贡献来确定人才引进类型，而是将用人主体需求、城市行业需求、城市产业需求以及城市领域需求等融入其中，提升了人才引进的精确性和人才利用的效率，将人才引进工作与城市社会经济更为紧密地联系在一起。另一方面，在一定程度上激发了用人主体的积极性和主动性，推动成都市"政府引导、用人单位主导、社会广泛参与"的人才引进良好格局的形成。

（3）协同发展：完善体制机制，服务机构相继建立

明确了人才引进政策的指导原则、战略目标等基本规范，并根据统筹协调人才、用人主体以及城市发展的需求确立了成都市人才引进的标准以及重点引进对象。这表明成都市人才引进政策开始进入精准化发展的全新阶段，其政策焦点也转移至协同发展和完善体制机制上。

所谓人才引进政策的协同发展。首先是外部的人才引进环境的建设与优化，人才引进政策的外部环境主要包括创新创业环境、成长成才环境、公共服务环境以及宜居宜业环境。优化引进人才的创新创业环境的基础性工程就是完善知识产权保护制度。在新旧动能转换的过程中，需要解除旧制度的约束并建立适应性的新制度，而知识产权保护力度对引进人才创新项目获得资本的难易程度以及人才创新能力的发挥起着决定性的作用[144]。2022 年，成都市人民政府办公厅印发《成都市国家知识产权强市建设示范城市实施方案（2022—2025 年）》一方面加强了对知识产权的行政保护力度，不仅修订了《成都市专利保护和促进条例》，也开展了"蓝天""铁拳""春雷"等知识产权保护的专项行动；另一方面，也通过深化职务科技成果权属改革等多种方式持续释放知识产权的创新动能。

政府通过举办引进人才的再就业和技能培训等活动不仅有助于提高当地社会劳动生产率，也有助于所引进人才知识和技能的进一步积累，有利于提升引进人才的整体质量及其利用效率[145]。因此，优化引进人才成长成才环境是成都市人才引进环境建设与优化的重要内容之一。2022 年，成都市人力资源和社会保障局及财政局联合发布了《成都市引进培育急需紧缺技能人才实施办法》，其中不仅提出了要对所引进的技能人才实施"统一组织培训并按季度进行申报"的要求，也对引进人才培训的补贴标准、来源以及负责单位进行了进一步的细化与明确。

一个地区的公共服务资源状况不仅对该区域的经济社会发展起着重要的作用，良好的公共服务环境也可以吸引更多的人才和资本流入。与此同时，为提高对人才的吸引力和凝聚力，就必须通过加大交通基础设施、人才公寓、教育医疗条件和环境治理的投入以及优化城市空间布局为所引进的人才营造良好的宜居宜业环境[146]。为此，该阶段成都市人才引进政策的内容也更多地偏向于完善引进人才的管理运行机制、简政放权和减少行政审批和收费事项来规范各部门的行政行为。与此同时，通过建立健全引进人才的市场服务体系和扩大各类引进人才的社会保障覆盖范围的方式优化公共服务环境。另外，也通过狠抓生态文明建设、着力构建新型城乡形态的方式促进成都市人才引进方式从"要素吸才"到"生态营才"的战略性转变，并大力实施人才安居工程，通过新建、筹措公共租赁住房以及为引进人才提供住房资助等措施解决其在成都市工作及创新活动的后顾之忧。

成都市人才引进政策的协同发展还体现在优惠政策体系的逐渐完善以及具体人才引进工程的实施。完善人才引进的优惠政策体系和加大人才引进的力度是各地方政府近年来纷纷加入"人才争夺战"进而取得战略优势最为主要的手段[147]。成都市人才引进政策的优惠政策体系的完善过程整体呈现出"从奖励型、保障型政策并行到发展型政策逐渐过渡"的特征。在人才引进政策发展的前期，成都市所发布的相关政策内容主要聚焦于完善引进人才的落户计划、社会保险、医疗保健、子女入学、住房保障等保障性政策，通过提供补贴、岗位薪酬以及税收优惠等直接性奖励的方式吸引人才。随着人才资源竞争逐渐激烈以及人才对于未来发展的多样性需求日益强烈，以奖励性和保障性为主体的政策系统已经难以满足各类人才。因此，成都市人才引进政策内容所关注的焦点也逐渐转移至通过职务聘用、职称评定、项目支持、融资支持以及荣誉表彰等发展型政策上来，通过出台具体政策来提升所引进人才在蓉发展的未来预期，从而提升成都市对于人才的吸引力。成都市具体人才引进工程的接续实施一方面体现出了该阶段成都市人才引进政策在整体上精细化发展的特点，对于具体产业、行业、领域及品类的人才引进均形成了较为精细的政策规范及实施标准；另一方面，也能够反映出成都市人才引进政策凸显用人主体作用的原则，并积极回应城市产业布局及发展战略需求的总体指导方针。

　　2016 年中共中央、国务院发布《关于深化人才发展体制机制改革的意见》提出"构建科学规范、开放包容、运行高效的人才发展治理体系"的总体改革任务以来，成都市在人才工作，尤其是人才引进政策的出台及执行方面更多地将焦点置于以人才引进体制机制改革为主线，以塑造成都市发展制度优势为核心，致力于构建符合新时代发展要求的人才引进治理体系的相关工作之中，与之相伴的还有各类、各级别人才引进服务机构的设立。不断完善、创新人才引进的领导体制，逐步构建起了"统分结合、协调高效、优势互补、整体联动"的人才引进工作格局。在人才引进的运行机制方面，成都市人才引进政策逐步提升了党政有关部门人才引进工作职能划分的科学性和精准性，在坚持权责统一、分类管理原则的基础之上，逐步构立起了"行政政府引导、用人单位主导、社会广泛参与"的人才引进良好格局。在人才引进考评体系方面，成都市研究制定了符合科学发展观要求的人才引进工作考核办法，并将其以政策的形式加以体现。与此同时，逐步提高了各级党政领导班子综合考核指标体系中人才引进专项考核的权重，凸显了人才引进工作的重要地位。成都市也通过相关政策的连续出台，逐步构建起了引进人才发展状况监测评估制度，形成了科学化、社会化的人才引进和发展评价机制，在各区（县）和主要行业、系统中开展引进人才发展状况的定期统计，并将统计结果以发布公报的形式进行社会公开。同时，成都市通过一系列政策的相继出台进一步巩固了人才引进工作的开展基础。首先表现为在区（县）设立人才引进专门工作机构及各类引进人才服务机构，并确保这些机构中的编制、人员及经费到位。其次，加强对人才引进工作者队伍的建设，开展经常性的业务技能培训，提升其理论水平、工作能力和创新能力。再次，体现为加强人才引进工作的信息化建设，优化引进人才的信息服务供给，并大力整合人才引进工作的研究力量，广泛开展相关理论研究和政策研究。最后，成都市也通过相关政策的出台鼓励各区（县）制定并实施本地区、本系统、本行业的人才引进发展规划，从而形成上下衔接的人才引进规划体系，通过加大宣传力度，从而在社会中树立"爱才、识才、惜才、用才"的观念，为成都市人才引进政策的实施营造良好的社会氛围。

第 5 章　结论与讨论

5.1　研究结论

第一，21 世纪以来成都市人才引进政策的发文数量在时间维度上整体呈现出波动起伏、曲折上升的特点，整体而言是一种非均衡、断点式的增长。这种趋势是由上级政策偏好的非连续性决定的。具体而言，政策发文数量分别于 2012 年和 2017 年达到峰值。其原因在于上级政府对于公共政策发布的主导权。这一阶段上级政府对于人才引进工作的重视程度逐渐提升，出于对上级政府政策偏好的积极响应与支持，成都市政府的政策发文数量也随之增加；2020 年和 2021 年受新冠疫情的影响，政策发文数量较少。

第二，21 世纪以来成都市人才引进政策的整体演进逻辑存在着两个关键时间节点。一是 2010 年，中共中央、国务院共同发布了我国首个中长期人才发展规划《国家中长期人才发展规划纲要（2010—2020）》。明确了人才引进工作的指导思想、战略目标等政策发展的基本方向。二是 2017 年成都市委、市政府联合发布《成都市实施人才优先发展战略行动计划》，被称作是成都市"人才新政 1.0"。其政策内容和政策思想为后续成都市出台的人才引进政策奠定了基础。

第三，根据上述关键时间节点，21 世纪以来成都市人才引进政策的演进脉络可以被划分为 3 大阶段：2000—2010 年为规范探索时期。这一时期成都市人才引进政策尚处于起步阶段，未形成具有统筹性、指导性的纲领性政策。对于所引进人才的界定标准以及组织管理体系尚处于探索时期。与此同时，这一阶段对人才知识产权的保护以及成果转化等方面相关政策的出台以及对国外留学人员及专家这一引进主体的界定标准逐渐明晰，都为后续相关政策的发展提供了有益借鉴。2011—2016 年为深化推进时期。这一时期成都市人才引进政策在内容上"因人制宜、因岗制宜"的特点开始显现。与此同时，各行政部门之前相对分散的政策资源在这一阶段也得到进一步整合，相关配套政策的出台也使得成都市人才引进政策体系更为完善。2017—2023 年为精准发展时期。在这一阶段，成都市人才引进政策进一步呈现出精准化、个性化的需求导向，更加凸显了用人主体以及城市发展的需求，所需引进的人才标准进一步提升、范围进一步缩小。

第四，21 世纪以来成都市人才引进政策在空间维度上的分布经历了从"波纹状"不均衡分布到"雨点状"均衡分布的演进。其原因首先在于2017 年之前，成都市一圈层各区的引领带动作用尚不显著。其次，一圈层与二、三圈层在医疗、教育、基础设施等方面的比较优势使得其对于人才的"拉力"更强。最后，二、三圈层的发展在彼时正处于起步阶段，原有制约经济发展的诸多障碍和地理性限制因素依然存在，增大了这些区域对于人才的"推力"。2017 年后，随着二、三圈层各辖区的发展潜力被进一步释放，对于人才的需求也更为旺盛。与此同时，随着成都市总体规划以及各个辖区功能定位的变化也使得二、三圈层各辖区分散了主城区对于人才的需求，在人才引进方面获得了更多的政策支持。因此，政策在空间上的分布呈现出更为均衡的发展态势。

第五，从政策扩散的视角对成都市人才引进政策在空间上演进逻辑的变迁动因进行学理性阐释。在政策扩散的垂直方向主要表现为上下级政府互动过程中自上而下的等级扩散，其背后的动力机制是政策学习，包括"W 型政策学习路径"和"M 型政策学习路径"；在政策扩散的水平方向主要表现为同等级辖区之间的邻近扩散，其背后的动力机制是政策模仿与政策竞争。前者表现为成都市各辖区人才引进政策在优惠条件的"层层加码"以及政策内容的高度趋同，后者的动力则是由我国特有的"晋升锦标赛"提供。

第六，成都市人才引进政策发文主体协作关系的演进在 2000—2010 年规范探索时期的广度和强度均处于较低水平，整体呈现出简单松散的协作特征，其协作网络及过程更多地表现为一种各行政部门的"条块关系"；在 2011—2016 年深化推进时期，随着成都市人才引进政策系统建设的日益完善，更多的部门参与到了协作关系之中，人才引进政策也更多地延展至社会生活中的其他领域，发文主体协作的广度和强度均得到提升，整体呈现出均衡多元的特征；在 2017—2023 年精准发展时期，成都市人才引进政策的注意力分配格局得以重新塑造，各部门在政策发文中的独立性增强，整体呈现出高协作广度、低协作强度的特征。

第七，21 世纪以来成都市人才引进政策在政策工具的选择上涵盖了供给型工具、环境型工具和需求型工具 3 类。多维政策工具的组合为成都市实现良好的人才引进效果提供了全面的支持，但依然存在着整体应用不均衡的现象。具体而言，成都市人才引进政策所应用的供给型政策工具最为广泛，其中资金投入、公共服务以及基础设施等具体政策工具的占比较高，信息支持和教育培训所占比重相对较小；对于环境型政策工具的应用较为适中，其内部具体政策工具的应用比例也较为均衡，其中策略性措施工具的应用最为广泛；相较于前两者而言，需求型政策工具的应用最少，对成都市人才引进工作的推动力较弱，其中服务外包和政府购买两种政策工具的应用较为广泛，而贸易管制和海外机构的应用则较少。

第八，成都市人才引进政策在政策工具应用层面的演进特征为 2017 年之前以环境型政策工具为主，随着政策规范的逐步确立，环境型政策工具的比重逐渐减少，供给型政策工具及需求型政策工具的比重有所提升，前者提升的比例更高。整体呈现出供给型政策工具、环境型政策工具的应用均超过四成，而需求型政策工具的应用依然较少。

第九，21 世纪以来成都市人才引进政策焦点的演进特征在时间维度上体现得并不明显，但整体呈现出"规范确立—需求导向—协同发展"的演进脉络。在规范确立阶段，成都市人才引进政策焦点主要集中在明确政策的指导思想、战略目标等政策规范的探索与建立，整体呈现出"配套性"的特征，即紧贴国家层面的人才引进政策；在需求导向阶段，成都市人才引进政策的焦点主要集中在统筹和协调人才自身以及用人主体的需求上，后者在人才引进工作中的主导性作用开始凸显；在协同发展阶段，成都市人才引进政策焦点则逐渐转移到协同发展和完善体制机制上。具体而言，协同发展包括创新创业环境、成长成才环境、公共服务环境和宜居宜业环境等在内的人才引进环境的建设与优化以及优惠政策体系的逐渐完善和具体人才引进工程的实施；完善体制机制则主要包含人才引进工作的领导体制、运行机制、考评体系以及发展基础等方面的建设与完善。

5.2 政策建议

5.2.1 保持政策增长的连续性，推动人才需求转型

我国的渐进式改革模式存在着一种"自上而下"的政策式引导[148]，具体表现为上级政府通过政治势能推动各地方政府颁布相应的政策。此外，这种渐进式改革也充分体现出了路径依赖的特点，这种路径依赖虽然具备维持原有政策体系和组织资源的相对稳定以及减少改革的实施成本和摩擦成本等优势，但也存在着造成条块府际割裂、政策失效的风险。为此，如何在渐进式改革与制度创新、风险管控、利益均衡等多维政策信号磨合的情境中寻求突破，寻求政策均衡点并推动可持续政策实践就成为社会治理中所面临的一项重要问题[149]。

21 世纪以来，成都市人才引进政策的整体呈现出"非均衡的断裂式增长"态势。其原因在于相关政策的发布更多的是一种地方政府回应上级政府政治偏好的过程。而由于政策注意力是一种具有竞争性的资源，上级政府对于人才引进这一政策领域的注意力分配难以形成一种均衡格局，其

本质在于政治势能推动。为此，成都市政府应着力推动人才引进需求从"政治势能"向"内生动力"转变。根据当地经济社会发展、产业需求以及城市战略地位的转变，进一步激发用人主体的需求。唯有如此，才能保持人才引进政策增长的连续性，从而将人才优势逐渐汇聚成为发展优势。在规避政策路径依赖负面影响的同时，也为成都市人才引进政策和制度的创新提供新的耦合点。

5.2.2 完善人才资源配置模式与考核指标体系，避免恶性竞争

受到"地方主义"的影响，成都市各辖区在近年来均颁布了多项人才引进政策以寻求在政策框架内获得最大收益，"抢人大战"愈演愈烈。在此背景下，这些辖区在人才引进政策的制定上就会产生政策模仿的行为。这种行为不仅会造成区域之间人才引进政策在内容上的趋同以及优惠条件上的层层加码，导致政策的同质化现象越来越严重，阻碍人才引进政策和制度的创新，甚至有可能会异化为区域之间的恶性竞争以及拟引进人才"待价而沽"，在多个地区、多个单位之间"要价"的现象[150]。

这种现象的根源在于人才资源配置的失衡以及"晋升锦标赛"中相关指标的权重设置不合理。为此，成都市应首先完善当地人力资源配置模式，不应仅仅根据区域的经济发展水平来确定人才需求的种类和数量，而是应着重鼓励各区域根据城市区位规划以及各区域的战略定位，制定具有针对性的人才引进政策，避免同质化竞争及恶性竞争。其次，各辖区、各单位以及各部门应更加审慎地制定考核指标体系中人才引进的权重。一方面，不应仅仅单凭人才引进的数量进行考核，而是要将引进人才的适配性、多样性等指标引入其中；另一方面，也要避免这一指标在评价工作人员绩效中权重过大的问题。

5.2.3 创新政策协作网络，优化政策工具配置格局

由于政策协作网络有别于传统的单一权威主体的治理结构和运行特

点，多主体参与、信息交换、复合议程、策略互动与合作等独特性也为政策创新、选择、组合和优化提供了现实基础[151]。从政策主体看，当前成都市人才引进政策主体协作网络虽然呈现出高广度的特征，但从政策工具应用及组合层面来看，当前成都市人才引进政策依然存在着供给型政策工具过溢，需求型政策工具应用比例较小的情况。这表明，在政策协作网络中，参与其中的政策主体依然存在着同质化以及职能相互交叉的现象。

因此，未来成都市人才引进政策的制定首先应提升需求型政策工具的应用和部门的独立性，鼓励其更多地采取单独发文的形式在相关政策领域中形成体系。其次，在协作网络中应更多吸纳与需求型政策工具相关的政策主体，诸如提升成都市海关、进出口商品检验局、对外经济贸易促进委员会等相关部门的参与程度，在创新政策协作网络的同时提升需求型政策工具应用的整体比重。最后，也应出台相关的规章制度以进一步明确政策协作网络中各部门在人才引进工作中的职权划分，从而避免职权交叉以及政策工具同质化严重的现象。

5.3 研究不足与展望

5.3.1 研究不足

首先，本研究以 21 世纪以来成都市及其辖区所颁布的人才引进政策文本作为研究对象，由于时间跨度较久，加之单独出台的人才引进政策文本较少，更多的是在整体人才政策中以部分的形式呈现，故文本材料的收集难度较大。由此可能会导致文本数量不足或所选取的政策文本存在着一定的片面性，无法完整、全面地展现成都市人才引进政策的演进逻辑。

其次，本书所构建的人才引进政策三维分析框架是结合了历史制度主义分析框架、政策扩散理论以及政策工具理论等，是从理论中推论出的一般性的理论分析框架，可能会有所忽略具体政策在具体领域执行过程中的诸多现实影响因素。在实践中分析某项公共政策演进脉络的效果还有待检验。

再次，本书虽然运用了定量和定性相结合的研究方法，但文章中的很多内容依然以定性分析为主，对于政策文本的量化分析也更多地体现为对政策发文数量的统计。

最后，由于本人缺乏在人才引进政策制定及相关工作中的实践经验，不可避免地会对一些问题的认识较为肤浅，与之相关的政策建议的提出可能也会失之偏颇。本人也将以此为动力，不断提升自身的学术能力与知识储备、完善自身的知识结构，为更精准、深刻、全面地理清 21 世纪以来成都市人才引进政策的演进脉络而不懈努力。

5.3.2 研究展望

首先，历史制度主义分析框架是概括某项公共政策演进过程及逻辑最为常见的工具。但在当前，运用该框架对成都市人才引进政策演进脉络进行梳理的研究并不多见。在未来的研究中，与成都市人才引进政策演进过程的宏大制度背景考察、制度关涉主体演进逻辑的概括以及政策价值偏好建构等相关研究的进展可能会促进经典政策分析框架与全新政策问题之间的一次融合。

其次，当前公共政策演进的相关研究更多地体现为时间序列上的横向分析，而对于演进过程背后的深层次原因却鲜少涉及。为此，在公共政策演进的未来研究中，运用多元结合的研究方法以及更为深刻的定性分析还留有较大的进步空间。

最后，完整的人才政策体系包括人才引进政策、人才培养政策、人才评价政策、人才流动政策、人才激励政策以及人才保障政策。如何从理论或实践出发，从而构建一个能囊括上述全部内容在内的分析框架，对我国国家层面或地方政府完整人才政策或制度的演进过程进行梳理，并探究其动因或许也同样是一个有价值的研究问题。

参 考 文 献

［1］威廉·N. 邓恩 . 公共政策分析导论［M］. 谢明，等译 . 北京：中国人民大学出版
社，2002：46.

［2］杨河清，陈怡安 . 海外高层次人才引进政策实施效果评价［J］. 科技进步与对策，
2013，30 (16)：107 - 112.

［3］孟华，刘娣，苏娇妮 . 我国省级政府高层次人才引进政策的吸引力评价［J］. 中国人
力资源开发，2017 (1)：116 - 123.

［4］张兰霞，宋嘉艺，王莹 . 基于 QFD 的海外科技人才引进政策实施效果评价：以辽宁
省为例［J］. 技术经济，2017，36 (5)：28 - 33.

［5］顾玲琍，王建平，杨小玲 . 科技人才政策实施效果评估指标体系构建及其应用研究
［J］. 中国人力资源开发，2019，36 (4)：100 - 108.

［6］鞠炜，刘宁 . 京沪浙粤苏人才政策比较研究［J］. 中国人力资源开发，2013 (15)：
87 - 92.

［7］刘玉雅，李红艳 . 京沪粤苏浙地区人才政策比较［J］. 中国管理科学，2016，24
(S1)：733 - 739.

［8］刘晓光，黄惬 . 我国东西部高层次人才引进政策文本比较：以四川省和江苏省为例
［J］. 科技管理研究，2018，38 (24)：51 - 56.

［9］李宁，顾玲琍，杨耀武 . 上海与韩国科技创新人才培养政策的比较研究［J］. 科技管
理研究，2019，39 (16)：73 - 78.

［10］朱军文，沈悦青 . 我国省级政府海外人才引进政策的现状、问题与建议［J］. 上海
交通大学学报（哲学社会科学版），2013，21 (1)：59 - 63，88.

［11］倪海东，杨晓波 . 我国海外高层次人才引进与服务政策协调研究［J］. 中国行政管
理，2014 (6)：110 - 113.

［12］李燕萍，郑安琪，沈晨，罗静子 . 国家自主创新示范区人才政策评价：以中关村与

东湖高新区为例（2009—2013）［J］．武汉大学学报（哲学社会科学版），2016，69（2）：85 - 89．

［13］郭书剑，王建华．"双一流"建设背景下我国大学高层次人才引进政策分析［J］．现代大学教育，2017（4）：82 - 90，112 - 113．

［14］杨慧，杨建林．融合 LDA 模型的政策文本量化分析：基于国际气候领域的实证［J］．现代情报，2016，36（5）：71 - 81．

［15］刘云，叶选挺，杨芳娟，谭龙，刘文澜．中国国家创新体系国际化政策概念、分类及演进特征：基于政策文本的量化分析［J］．管理世界，2014（12）：62 - 69，78．

［16］黄菁．我国地方科技成果转化政策发展研究：基于 239 份政策文本的量化分析［J］．科技进步与对策，2014，31（13）：103 - 108．

［17］王宏新，付甜，张文杰．中国易地扶贫搬迁政策的演进特征：基于政策文本量化分析［J］．国家行政学院学报，2017（3）：48 - 53，129．

［18］芈凌云，杨洁．中国居民生活节能引导政策的效力与效果评估：基于中国 1996—2015 年政策文本的量化分析［J］．资源科学，2017，39（4）：651 - 663．

［19］潘丹，周金龙，周应恒．中国农村集体产权制度改革政策的变迁与趋势：基于2010—2020 年 76 份政策文本的量化分析［J］．中国农业大学学报，2022，27（6）：278 - 289．

［20］李纲，等．公共政策内容分析方法：理论与应用［M］．重庆：重庆大学出版社，2007：4．

［21］卢泰宏．信息分析［M］．广州：中山大学出版社，1997：25．

［22］李燕萍，吴绍棠，郜斐，张海雯．改革开放以来我国科研经费管理政策的变迁、评价与走向：基于政策文本的内容分析［J］．科学学研究，2009，27（10）：1441 - 1447，1453．

［23］吕晓，牛善栋，张全景，钟太洋，陈昌玲．基于内容分析法的集体建设用地流转政策演进分析［J］．中国土地科学，2015，29（4）：25 - 33．

［24］黄如花，温芳芳．我国政府数据开放共享的政策框架与内容：国家层面政策文本的内容分析［J］．图书情报工作，2017，61（20）：12 - 25．

［25］郭俊华，徐倪妮．基于内容分析法的创业人才政策比较研究：以京沪深三市为例［J］．情报杂志，2017，36（5）：54 - 61．

［26］Rothwell R，Zegveld W. An assessment of government innovation policies ［J］．

Review of Policy Research, 1984, 3 (4): 436 - 444.

[27] 赵筱媛, 苏竣. 基于政策工具的公共科技政策分析框架研究 [J]. 科学学研究, 2007 (1): 52 - 56.

[28] 谢青, 田志龙. 创新政策如何推动我国新能源汽车产业的发展: 基于政策工具与创新价值链的政策文本分析 [J]. 科学学与科学技术管理, 2015, 36 (6): 3 - 14.

[29] 王辉. 政策工具视角下我国养老服务业政策研究 [J]. 中国特色社会主义研究, 2015 (2): 83 - 89.

[30] 钮钦. 中国农村电子商务政策文本计量研究: 基于政策工具和商业生态系统的内容分析 [J]. 经济体制改革, 2016 (4): 25 - 31.

[31] 汪圣, 刘旭青. 政策工具视角下我国公共文化服务政策研究 [J]. 图书馆工作与研究, 2018 (2): 16 - 22, 27.

[32] 吕文晶, 陈劲, 刘进. 政策工具视角的中国人工智能产业政策量化分析 [J]. 科学学研究, 2019, 37 (10): 1765 - 1774.

[33] Martin-Vega L A, Senich D. GOALI: A National Science Foundation University-Industry Liaison Program [J]. Interfaces, 2002, 32 (2): 57.

[34] U. S. Citizenship and Immigration Services (2012). Extension of Optional Practical Training Program for Qualified Students. https://www. uscis. gov/archive-news/questions-and-answers-extension-optional-practical-training-program-qualified-students.

[35] Johnson L, Adams B S, Estrada V, et al. Technology Outlook for STEM Education 2013—2018: An NMC Horizon Project Sector Analysis [J]. New Media Consortsim, 2013, 9 (1): 16 - 22.

[36] 唐家龙, 马虎兆. 美国 2011 年创新战略报告评析及其启示 [J]. 中国科技论坛, 2011 (12): 138 - 142, 155.

[37] 乌云其其格, 袁江洋. 日本科技人才政策的国际化转向 [J]. 自然辩证法通讯, 2009, 31 (3): 59 - 66, 111 - 112.

[38] 杉本勋. 日本科学史 [M]. 郑彭年, 译. 北京: 商务印书馆, 1999: 38.

[39] 周程. 日本诺贝尔科学奖出现"井喷"对中国的启示 [J]. 中国科技论坛, 2016 (12): 128 - 133.

[40] 王飞飞, 张生太, 张聚良, 韩金. 美、日、德等发达国家人才资源开发与管理政策启示 [J]. 领导科学, 2017 (23): 24 - 27.

[41] 刘宏，王耀辉．新加坡人才战略与实践［M］．北京：党建读物出版社，2015：3.

[42] 田海嵩，张再生，刘明瑶，等．发达国家吸引高层次人才政策及其对天津的借鉴研究［J］．科技进步与对策，2012，29（20）：142 - 145.

[43] 刘宏．新加坡的中国新移民形象：当地的视野与政策的考量［J］．南洋问题研究，2012（2）：69 - 77.

[44] 刘宏．当代华人新移民的跨国实践与人才环流：英国与新加坡的比较研究［J］．中山大学学报（社会科学版），2009，49（6）：165 - 176.

[45] 李韶鉴．新加坡科教人才政策与中国产业转型升级［J］．河南师范大学学报（哲学社会科学版），2008，35（6）：147 - 148.

[46] 杨慧，杨建林．融合 LDA 模型的政策文本量化分析：基于国际气候领域的实证［J］．现代情报，2016，36（5）：71 - 81.

[47] Lucas C，Nielsen R A，Roberts M E，et al. Computer-Assisted Text Analysis for Comparative Politics［J］. Political Analysis，2015，23（2）：254 - 277.

[48] Ruhl J B，Nay J，Gilligan J. Topic Modeling the President：Conventional and Computational Methods［J］. George Washington Law Review，2018，86（5）：1243 - 1315.

[49] Altaweel M，Bone C，Abrams J. Documents as data：A content analysis and topic modeling approach for analyzing responses to ecological disturbances［J］. Ecological Informatics，2019，51：82 - 95.

[50] Wen Q，Qiang M S，Xia B Q，et al. Discovering regulatory concerns on bridge management：An author-topic model based approach［J］. Transport Policy，2019，75：161 - 170.

[51] Isoaho K，Moilanen F，Toikka A. A Big Data View of the European Energy Union：Shifting from 'a Floating Signifier' to an Active Driver of Decarbonisation? ［J］. Politics and Governance，2019，7（1）：28 - 44.

[52] Hsu A，Brandt J，Widerberg O，et al. Exploring links between national climate strategies and non-state and subnational climate action in nationally determined contributions（NDCs）［J］. Climate Policy，2020，20（4）：443 - 457.

[53] Lazard A J，Wilcox G B，Tuttle H M，et al. Public reactions to e-cigarette regulations on Twitter：a text mining analysis［J］. TOBACCO CONTROL，2017，26（2）：112 - 116.

[54] Spanhol-Finocchio C，Dewes M de F，Mores G de V，et al. Text Mining of United States Obesity-Related Public Policies：Systematic Document Search ［J］. JMIR Public Health and Surveillance，2020，6（3）：156 - 165.

[55] Li X Q，Yang A Y，Yan H. Priorities and Instruments of Local Elderly Care Policies in China：Text Mining and Comparative Analysis ［J］. Frontiers in Public Health，2021：9.

[56] Song C，Guo J M，Gholizadeh F，et al. Quantitative Analysis of Food Safety Policy Based on Text Mining Methods ［J］. Foods，2022，11（21）.

[57] Proksch S，Slapin J B. How to Avoid Pitfalls in Statistical Analysis of Political Texts：The Case of Germany ［J］. German Politics，2009，18（3）：323 - 344.

[58] Hjorth F，Klemmensen R，Hobolt S，et al. Computers，coders，and voters：Comparing automated methods for estimating party positions ［J］. Research & Politics，2015，2（2）.

[59] 刘伟. 内容分析法在公共管理学研究中的应用 ［J］. 中国行政管理，2014（6）：93 - 98.

[60] Matthew L，Jennifer S，Cheryl C B. Content Analysis in Mass Communication：Assessment and Reporting of Intercoder Reliability ［J］. Human Communication Research，2002，28（4）：587 - 604.

[61] 彼得·阿特斯兰德. 经验性社会研究方法 ［M］. 北京：中央文献出版社，1995：180.

[62] Bryan D J. Reconceiving Decision-Making in Democratic Politics：Attention，Choice and Public Policy ［M］. Chicago，USA. University of Chicago Press，1994：58.

[63] 吴中江，黄成亮. 应用型人才内涵及应用型本科人才培养 ［J］. 高等工程教育研究，2014（2）：66 - 70.

[64] 吴耀兴，陈政辉. 论应用型人才培养的内涵及策略 ［J］. 黑龙江高教研究，2008（12）：123 - 125.

[65] 陈小虎. "应用型本科教育"：内涵解析及其人才培养体系建构 ［J］. 江苏高教，2008（1）：86 - 88.

[66] 刘宝存. 创新人才理念的国际比较 ［J］. 比较教育研究，2003（5）：6 - 11.

[67] 教育部. 面向 21 世纪教育振兴行动计划学习参考资料 ［M］. 北京：北京师范大学出版社，1999：4 - 7.

[68] 庄寿强，戎志毅. 普通创造学 [M]. 徐州：中国矿业大学出版社，1997：239.

[69] 吴贻春，刘华元. 论创造型人才的培养 [J]. 南京师范大学学报（社会科学版），1985（2）：21.

[70] 徐维. 我国人才概念的现代演变 [J]. 中国人事科学，2017（12）：60-64.

[71] 郭国平. 南京人才政策体系效能分析 [J]. 人才开发，2005（7）：16-17，61.

[72] 鞠炜，刘宁. 京沪浙粤苏人才政策比较研究 [J]. 中国人力资源开发，2013（15）：87-92.

[73] Reiner C，Meyer S，Sardadvar S. Urban attraction policies for international academic talent. Munich and Vienna incomparison [J]. Cities，2017，61：27-35.

[74] 顾承卫. 新时期我国地方引进海外科技人才政策分析 [J]. 科研管理，2015，36（S1）：272-278.

[75] 李家福. 城市人才争夺标准的共性与差异 [J]. 人民论坛，2018（15）：15-17.

[76] 汪樟发，汪涛，王毅，吴贵生. 国家认定企业技术中心政策的历史演进：基于政策文本的研究 [J]. 中国软科学，2009（10）：168-179.

[77] 陈潭. 公共政策变迁的理论命题及其阐释 [J]. 中国软科学，2004（12）：10-17.

[78] 沈波濑，刘荣华. 改革开放以来中国共产党人才政策的历史演变 [J]. 实事求是，2009（1）：19-22.

[79] Hall P A. Policy Paradigms，Social Learning and the State：The Case of Economic Policymaking in Britain [J]. Comparative Politics，1999，25（3）：275-296.

[80] Bennett A，Howlett M. The Lessons of Learning：Reconciling Theories of Policy Learning and Policy Change [J]. Policy Sciences，1992，23（3）：275-294.

[81] 迈克尔·豪利特，M. 拉米什. 公共政策研究：政策循环与政策子系统 [M]. 庞诗，等译. 北京：生活·读书·新知三联书店，2006：42-45.

[82] 亚当·斯密. 国富论 [M]. 西安：陕西人民出版社，2011：14-16.

[83] 王明杰，郑一山. 西方人力资本理论研究综述 [J]. 中国行政管理，2006（8）：92-95.

[84] 舒尔茨. 论人力资本投资 [M]. 蒋兵，张蘅，译. 北京：北京经济学院出版社，1990：166-168.

[85] Schultz T W. Investment in Human Capital [J]. Journal of Political Economy，1961，51（1）：1-17.

[86] 贝里克. 人力资本（第三版）[M]. 陈耿宣，译. 北京：机械工业出版社，2016：

67 - 68.

[87] Becker G S. Human Capital：A theoretical and empirical analysis with special reference to education ［M］. Chicago：The University of Chicago Press，1993：167 - 169.

[88] 刘智勇，胡永远，易先忠. 异质型人力资本对经济增长的作用机制检验 ［J］. 数量经济技术经济研究，2008 (4)：86 - 96.

[89] 王新华，孙剑平. 国内外人力资本定价理论研究综述 ［J］. 科学学与科学技术管理 2003 (8)：67 - 69.

[90] Romer P M. Increasing Returns and Long-run Growth ［J］. Journal of Political Economy，1986：94.

[91] Lucas R E. On the mechanics of economic development ［J］. Journal of Monetary Economic，1982，22 (3)：3 - 42.

[92] 杰伊·沙夫里茨，艾伯特·海德. 公共行政学经典：中国版 ［M］. 刘俊生，译. 北京：中国人民大学出版社，2019：17 - 18.

[93] 罗伯特·达尔，查尔斯·林德布洛姆. 政治、经济与福利 ［M］. 蓝志勇，等译. 北京：中国人民大学出版社，2021：20 - 22.

[94] S H Linder，B G Peters. An Institutional Approach to the Theory of Policy Making：The Role of Guidance Mechanisms in Policy Formulation ［J］. Journal of Theoretical Politics，1990，2 (1)：59 - 83.

[95] 刘嫒. 西方政策工具选择理论的多途径研究述评 ［J］. 国外社会科学，2010 (5)：25 - 31.

[96] Howlett M，M Ramesh. Studying Public Policy：Policy Cycles and Policy Subsystems ［M］. Oxford：Oxford University Press，1995：163 - 195.

[97] Rothwell R，Zegveld W. Reindustrialization and Technology ［M］. London：Longman RTI (Research Triangle Institute) International，1985：179 - 183.

[98] McDonnell L，Elmore R. Getting the job done：Alternative policy instrument ［J］. Educational Evaluation and Policy Analysis，1987，9 (2)：133 - 152.

[99] Christopher C H. The tools of government ［M］. London：London and Basingstoke，1983：36 - 39.

[100] Schneider A，Ingram H. Social construction of target populations：Implications for politics and policy ［J］. Am Political Sci Rev，1993，87 (2)：338 - 340.

［101］黄红华 . 政策工具理论的兴起及其在中国的发展［J］. 社会科学，2010，356（4）：13 - 19，187.

［102］陈振明，张敏 . 国内政策工具研究新进展：1998—2016［J］. 江苏行政学院学报，2017，96（6）：109 - 116.

［103］Rogers E M. Diffusion of Innovations（3rd edition）［M］. New York：The Free Press，1983：106 - 115.

［104］Marsh D，Sharman J C. Policy Diffusion and Policy Transfer［J］. Policy Studies，2009，30（3）：88 - 269.

［105］陈芳 . 政策扩散理论的演化［J］. 中国行政管理，2014，348（6）：99 - 104.

［106］Walker，Jack L. The Diffusion of Innovations among the American States［J］. 1969，63（3）.

［107］Gray，Virginia. Innovation in the states：A Diffusion Study［J］. The American Political Science Review，1973（4）.

［108］Berry F S，Frances Stokes. Sizing up State Policy Innovation Research［J］. Policy Studies Journal，1994（3）.

［109］Leichter，Howard M. The Patterns and Origins of Policy Diffusion：the Case of the Commonwealth［J］. Comparative Politics，1983（2）.

［110］Berry F S. Sizing up State Policy Innovation Research［J］. Policy Studies Journal，1994，22（3）：56 - 442.

［111］Peter A，Hall，Policy paradigms. Social Learning，and States：the Case of Economic Policy Making in Britain［J］. Comparative Politics，1993（3）.

［112］Stone，Diane. Learning Lessons and Transferring Policy Across Time，Space and Disciplines［J］. Politics，1999（1）.

［113］Mintrom M，Vergari S. Policy networks and innovation diffusion：The case of state education reforms［J］. J Polit，1998，60（1）：48 - 126.

［114］Karch A. Emerging issues and future directions in state policy diffusion research［J］. State Politics & Policy Quarterly，2017，7（1）：54 - 80.

［115］Bennett C J. Review Article-what is Policy Convergence and What Causes it［J］. British Journal of Political Science，1991，21（2）：33 - 215.

［116］Wejnert，Barbara. Integrating Models of Diffusion of Innovations：a Conceptual

Framework. Annual Review of Sociology，2002（1）.

[117] Braun D，Gilardi F. Taking Galtion's Problem Seriously Towards a Theory of Policy Diffusion [J]. Journal of Theoretical Politics，2006（3）.

[118] 薛澜，赵静.转型期公共政策过程的适应性改革及局限 [J]. 中国社会科学，2017（9）：45-67，206.

[119] 王红波.社会保障政策反馈的研究进展及对中国的启示：基于文献综述的视角 [J]. 社会政策研究，2022（1）：65-78.

[120] 王宏新，付甜，张文杰.中国易地扶贫搬迁政策的演进特征：基于政策文本量化分析 [J]. 国家行政学院学报，2017（3）：48-53，129.

[121] 刘忠艳，赵永乐，王斌.1978—2017 年中国科技人才政策变迁研究 [J]. 中国科技论坛，2018（2）：136-144.

[122] 潘懋元，朱乐平.高等职业教育政策变迁逻辑：历史制度主义视角 [J]. 教育研究，2019，40（3）：117-125.

[123] Daniel L，Harold D L. The Policy Science：Recent Development in Scope and Methods [M]. Stanford：Stanford University Press，1951：3-15.

[124] 殷华方，潘镇，鲁明泓.中央—地方政府关系和政策执行力：以外资产业政策为例 [J]. 管理世界，2007（7）：22-36.

[125] 王浦劬，赖先进.中国公共政策扩散的模式与机制分析 [J]. 北京大学学报（哲学社会科学版），2013，50（6）：14-23.

[126] Marsh D，Sharman J C. Policy diffusion and policy transfer [J]. Policy Studies，2019，30（3）：88-269.

[127] 殷华方，潘镇，鲁明泓.中央—地方政府关系和政策执行力：以外资产业政策为例 [J]. 管理世界，2007（7）：22-36.

[128] 朱旭峰，赵慧.政府间关系视角下的社会政策扩散：以城市低保制度为例（1993—1999）[J]. 中国社会科学，2016（8）：95-116，206.

[129] 马亮.政府创新扩散视角下的电子政务发展：基于中国省级政府的实证研究 [J]. 图书情报工作，2012，56（7）：117-124.

[130] 汪涛，谢宁宁.基于内容分析法的科技创新政策协同研究 [J]. 技术经济，2013，32（9）：22-28.

[131] 肖潇，汪涛.国家自主创新示范区大学生创业政策评价研究 [J]. 科学学研究，

2015，33（10）：1511－1519.

［132］苏敬勤，李晓昂，许昕傲.基于内容分析法的国家和地方科技创新政策构成对比分析［J］.科学学与科学技术管理，2012，33（6）：15－21.

［133］吕晓，牛善栋，张全景，钟太洋，陈昌玲.基于内容分析法的集体建设用地流转政策演进分析［J］.中国土地科学，2015，29（4）：25－33.

［134］李青，钱再见.历史制度主义视角下民主党派民主监督制度变迁逻辑［J］.学习论坛，2021（2）：47－54.

［135］范逢春，王彪.健康扶贫政策的历史变迁及演进逻辑：基于历史制度主义的考察［J］.湖北民族大学学报（哲学社会科学版），2021，39（6）：93－102.

［136］吴光芸，万洋.中国农村土地流转政策变迁的制度逻辑：基于历史制度主义的分析［J］.青海社会科学，2019（1）：86－94.

［137］成都日报.成都实施人才优先发展战略行动计划正式发布［EB/OL］.［2017－07－20］.http：//www.chengdu.gov.cn/chengdu/home/2017－07/20/content_6c7619f27ddc45e78373d6975085ec76.shtml from＝timeline.

［138］朱旭峰，赵慧.自下而上的政策学习：中国三项养老保险政策的比较案例研究［J］.南京社会科学，2015（6）：68－75.

［139］杨宏山，李娉.政策创新争先模式的府际学习机制［J］.公共管理学报，2019，16（2）：1－14，168.

［140］赵全军."人才而竞争"：理解地方政府行为的一个新视角［J］.中国行政管理，2021（4）：40－45.

［141］周黎安.中国地方官员的晋升锦标赛模式研究［J］.经济研究，2007（7）：36－50.

［142］高明国.中国农业现代化进程与生产力全要素系统演进分析［J］.经济问题，2013（6）：104－108，120.

［143］荆蕙兰，邹璐.新时代全面加强党对国有企业领导的价值意蕴与实践进路［J］.东岳论丛，2023，44（4）：5－12，191.

［144］李欣，李娜.我国高端人才发展状况与创新能力评估研究［J］.科学管理研究，2015，33（6）：81－84.

［145］蒋伏心，侍金环.环境规制对社会劳动生产率的影响研究［J］.工业技术经济，2020，39（3）：154－160.

［146］薄贵利，郑雪峰.论人才高地建设战略［J］.中国行政管理，2017（11）：12－15.

[147] 张海峰，林细细，梁若冰，蓝嘉俊. 城市生态文明建设与新一代劳动力流动：劳动力资源竞争的新视角 [J]. 中国工业经济，2019 (4)：81-97.

[148] 罗仲伟. 中国国有企业改革：方法论和策略 [J]. 中国工业经济，2009 (1)：5-17.

[149] 李友梅. 当代中国社会治理转型的经验逻辑 [J]. 中国社会科学，2018 (11)：58-73.

[150] 朱军文，沈悦青. 我国省级政府海外人才引进政策的现状、问题与建议 [J]. 上海交通大学学报（哲学社会科学版），2013，21 (1)：59-63，88.

[151] 任志宏，赵细康. 公共治理新模式与环境治理方式的创新 [J]. 学术研究，2006 (9)：92-98.